Dr P. MERKLEN et J. HEITZ

EXAMEN ET SÉMIOTIQUE

DU CŒUR

MÉTHODES D'EXAMEN DU CŒUR

QUATRIÈME ÉDITION

MASSON ET Cᵒ

GAUTHIER-VILLARS

ENCYCLOPÉDIE SCIENTIFIQUE DES AIDE-MÉMOIRE

COLLABORATEURS

Section du Biologiste

MM.

Alquier (**J.**).
Aubertin.
Auvard.
Barré (G.).
Bauby.
Bazy.
Beauregard (**H.**).
Beille.
Bérard (L.).
Bergé.
Bergonié.
Bernard (Léon).
Berthault.
Berthelot (M.).
Beurmann (de).
Bodin (E.).
Bonnier (P.).
Brault.
Broca.
Brocq.
Brun (H. de)
Carle.
Castex
Catrin.
Cazal (du).
Charrin.
Chatin (A.).
Chatin (J.).
Collet (J.).
Colin (H.).
Cornevin.
Cozette.
Critzman.
Cuénot (L.).
Dallemagne.
Dastre.
Delobel.
Demelin.
Demmler.
Desmoulins (A.).
Dongier.
Dubreuilh (W.).
Eberhardt.
Ehlers.
Etard.
Faisans.
Féré.

MM.

Ferrand (Marcel).
Galippe.
Galliot.
Gasser.
Gautié (Albert).
Gautier (Armand).
Giraudeau.
Gouget (A.).
Gréhant (N.).
Hanot.
Hédon.
Heitz.
Hénocque.
Hitier.
Houdaille.
Jacquet (Lucien).
Jeanselme.
Kayser.
Kœhler.
Labit.
Lafont (F.).
Lamy.
Langlois (P).
Lannelongue.
Lapersonne (de).
Larbalétrier.
Laulanié.
Laveran.
Le Damany.
Le Dantec.
Lesage.
Letulle.
Levaditi.
L'Hote.
Loubié (H).
Loverdo (J. de).
Magnan.
Malpeaux.
Marie (A.).
Martin (Odilon).
Mathieu (A.).
Maurange (G.).
Mégnin (P.).
Ménétrier.
Merklen.
Meunier (Stanislas).
Meunier (Victor).

MM.

Monod.
Moussous.
Neuville (H.).
Nocard.
Nicloux.
Olivier (Ad.).
Ollier.
Pactet.
Patel.
Paviot.
Plumandon.
Polin.
Porcherel.
Ravaz.
Reclus.
Rist (Ed.).
Robert-Simon.
Rocaz.
Roché (G.).
Roger (H.).
Romme.
Roux (Eug.).
Roux (J.-Ch.).
Schlœsing fils.
Séglas.
Seilhac.
Sergent (Edmond).
Sergent (Emile).
Sergent (Etienne).
Sérieux.
Seurat.
Simon-Auteroche.
Sicard.
Springer.
Thoulet (J.).
Trémolières.
Tripier.
Trouessart.
Trousseau.
Vanverts (J.).
Vaschide (N.).
Vinay.
Vires.
Vouzelle.
Vurpas (Cl.).
Weill-Mantou (J.).
Weiss (G.).
Wurtz.

ENCYCLOPÉDIE SCIENTIFIQUE

DES

AIDE-MÉMOIRE

PUBLIÉE

SOUS LA DIRECTION DE M. LÉAUTÉ, MEMBRE DE L'INSTITUT

ENCYCLOPÉDIE SCIENTIFIQUE DES AIDE-MÉMOIRE

PUBLIÉE SOUS LA DIRECTION

DE M. LÉAUTÉ, MEMBRE DE L'INSTITUT.

EXAMEN ET SÉMIOTIQUE DU CŒUR

MÉTHODES D'EXAMEN DU CŒUR

PAR LES Drs

PIERRE MERKLEN
Médecin des Hôpitaux

JEAN HEITZ
Ancien Interne des Hôpitaux

QUATRIÈME ÉDITION
entièrement refondue

PARIS

MASSON ET Cie, ÉDITEURS,
LIBRAIRES DE L'ACADÉMIE DE MÉDECINE
Boulevard Saint-Germain, 120

GAUTHIER-VILLARS,
IMPRIMEUR-ÉDITEUR
Quai des Grands-Augustins, 55

(Tous droits réservés)

AVERTISSEMENT

DE LA PRÉSENTE ÉDITION

—

Cet ouvrage est destiné, comme l'ont été les éditions précédentes, aux étudiants et aux jeunes médecins. Aussi les auteurs ont-ils, comme par le passé, écarté de leur programme toutes les questions non encore résolues et dont la discussion ne pouvait mener à aucune déduction utile pour la pratique courante.

Les progrès de la science, en grande partie dus au développement de nouveaux procédés d'investigation, ne permettaient pas cependant de conserver intégralement le cadre des premières éditions. Il apparaît comme impossible, à l'heure actuelle, de passer sous silence les nouvelles méthodes d examen du cœur qui prennent une importance chaque jour plus grande tant au point de vue du diagnostic que du pronostic. Nous voulons parler de la *radioscopie du cœur et des gros vaisseaux*, de l'*électrocardiographie* et de la *technique graphique*.

Ces méthodes nouvelles ne remplaceront certes jamais les méthodes classiques d'inspection, de palpation, de percussion et d'auscultation : peut-être ne seront-elles jamais utilisées directement par le praticien. Mais il importe que ce dernier en connaisse au moins les principes, qu'il soit à même d'y recourir dans les cas difficiles, et d'interpréter les constatations des spécialistes. L'exposé élémentaire des deux premières de ces méthodes forme la 3ᵉ partie du présent volume. Le tome second est consacré à l'étude de la méthode graphique, et des modifications du rythme cardiaque.

Janvier 1910.

INTRODUCTION

—

Les signes physiques tiennent, dans la sémiologie du cœur, une place prépondérante. Si
les troubles fonctionnels permettent souvent de
soupçonner une affection cardiaque, le diagnostic
n'en peut être cependant établi qu'après un
examen approfondi de l'organe, pratiqué selon
les méthodes classiques. Mais avant d'en aborder
l'étude, il est nécessaire que l'étudiant se soit
fait une idée précise du mode de contraction du
cœur, et de la succession des différentes phases
qu'elle comprend.

Le cœur est un muscle cavitaire qui se
contracte et se dilate, environ 70 à 80 fois par
minute dans les conditions normales, et avec
une régularité presque parfaite, pour remplir
dans la circulation un rôle de pompe à la fois
foulante et aspirante. Si on examine le cœur mis
à nu d'un animal vivant, on observe que ses
différentes parties ne se contractent pas simultanément, mais suivant un mode successif. L'ensemble des contractions ou *systoles* et des repos

ou *diastoles* de ces différentes parties constitue une révolution ou un battement cardiaque.

Chaque révolution comprend trois périodes distinctes : 1° la *systole des oreillettes* ; 2° la *systole des ventricules* ; 3° le repos général de l'organe ou pause, qui correspond à la *diastole*.

La systole des oreillettes apparaît comme le premier phénomène de la révolution cardiaque. Elle débute au niveau d'un groupe de fibres localisées dans l'oreillette droite au voisinage de la veine cave supérieure et du sinus coronaire. Cette contraction se généralise presque instantanément à l'ensemble de la musculature des deux oreillettes, chassant tout le sang qu'elles contiennent dans les ventricules encore en diastole.

Est-ce à dire que ces derniers se trouvaient alors vides de sang ? Il n'en est rien, car pendant toute la durée de la pause cardiaque, le sang n'a cessé de s'écouler par l'orifice auriculo-ventriculaire largement ouvert, sous la double influence de la *vis a tergo* et de l'aspiration du ventricule qui se relâche. Mais ce passage, lent dans sa première phase, s'accélère et se termine sous l'influence de la systole de l'oreillette

Ainsi distendus par l'afflux sanguin, les ventricules vont se contracter à leur tour, un cinquième de seconde environ après les oreillettes (J. Mackenzie). Il est nécessaire, pour suivre avec fruit par le palper les phases de la révolution cardiaque, de connaître les modifications de forme et de consistance qui se produisent du côté des parois ventriculaires pendant leur systole. On note tout d'abord un mouvement de rotation du bord gauche autour d'un axe longitudinal, et simultanément un mouvement de bascule autour d'un axe transversal et parallèle au sillon auriculo-ventriculaire, bascule qui porte la pointe du cœur en haut et en avant. En même temps, la face antérieure se durcit et vient faire saillie un peu au-dessus de la pointe. Secondairement, elle se rétrécit transversalement, modification surtout prononcée au niveau de la base. Dès le premier mouvement, la pointe vient s'appliquer fortement contre la paroi thoracique et elle y reste jusqu'au début de la diastole, déterminant une sensation de poussée vis à vis du doigt introduit dans l'espace intercostal.

Que se passe-t-il, pendant cette même période, dans l'intérieur des cavités ventriculaires? Dans la première phase, dite *préparatoire*, la contraction débute, comme l'a montré Hering, par les piliers valvulaires : ceux-ci se raccourcissent et tendent à réduire la partie inférieure du ventricule à une simple fente, d'où le durcissement et la projection en avant de la pointe, en même temps que le rapprochement des valves. Lorsque celles-ci s'appliquent l'une contre l'autre, leur tension détermine un ébranlement brusque qui

succède, pour le doigt de l'observateur, à la
sensation de simple poussée, et qui semble la
terminer.

L'application des valves et leur tension clôt la
phase préparatoire, qui dure, à l'état normal,
environ deux centièmes de seconde. La *phase
expulsive* commence aussitôt : l'ouverture des
sigmoïdes s'est produite, en effet, synchrone à
la fermeture des valvules auriculo-ventriculaires,
et, par suite, l'expulsion dans l'aorte et l'artère
pulmonaire de la totalité du sang contenu dans
les ventricules.

Cette expulsion terminée, les valvules sigmoïdes retombent, marquant la fin de la systole.
Les parois ventriculaires se relâchent alors en
diastole, la pointe abandonne la paroi thoracique,
et la cavité se laisse distendre par le sang
de l'oreillette jusqu'au moment où la systole
auriculaire ouvrira un nouveau cycle.

Nous pouvons étudier maintenant les manifestations extérieures, perceptibles à la vue, au palper, et à l'oreille, des différentes phases de cette
révolution cardiaque.

PREMIÈRE PARTIE

INSPECTION,
PALPATION, PERCUSSION.

CHAPITRE PREMIER

INSPECTION

Pour faire méthodiquement l'examen du cœur,
on procède d'abord à l'inspection.

Elle se fait, en mettant à nu le thorax, et en
inspectant sa conformation extérieure. On re-
cherchera ensuite les mouvements qui sont
transmis à ses régions diverses par le cœur et
les gros vaisseaux.

Pour cet examen, le malade doit être couché
sur le dos, la partie supérieure du corps un
peu relevée. Il importe qu'il soit dans le calme
le plus parfait, toute excitation physique ou
psychique modifiant l'activité cardiaque et ses
manifestations apparentes. Si le malade est assis
ou debout, les pulsations ou les chocs légers seront mieux appréciés par un examen de profil.

On peut ainsi constater :

1° Les anomalies de conformation que présente parfois la région précordiale ;

2° Les ondulations et les pulsations des régions précordiale, aortique, épigastrique, thoracique postérieure ;

3° Les caractères du choc du cœur qui, mieux encore appréciés par le palper, seront décrits à propos de ce deuxième procédé d'examen.

Voussure et dépression précordiales. — A l'état normal, les deux côtés de la face antérieure du thorax sont à peu près égaux et symétriques.

L'augmentation de volume du cœur ou la distension du péricarde par un épanchement abondant peuvent déterminer une saillie ovalaire, allongée dans le sens vertical entre les 3ᵉ et 6ᵉ côtes gauches près du sternum : c'est la *voussure précordiale*. Elle n'apparaît guère que chez les enfants et les jeunes sujets à côtes flexibles. En cas d'hypertrophie du cœur, c'est donc un signe de cardiopathie remontant à l'enfance ou à la jeunesse. Quand la voussure est attribuable à un grand épanchement péricardique, on note simultanément une diminution de l'expansion inspiratoire du côté gauche du thorax.

La voussure précordiale est, somme toute, un signe de médiocre valeur, d'autant plus que la saillie anormale du squelette peut être due au rachitisme ou, chez l'adulte, à l'emphysème. Mais ces dernières déformations sont habituellement bilatérales et symétriques.

La *dépression permanente de la région précordiale*, quand elle n'est pas due à des déformations rachitiques du squelette, doit faire penser à une symphyse péricardique, c'est-à-dire à des adhérences généralisées des deux feuillets du péricarde. Mais cette dépression ne se produit qu'autant que la symphyse est associée à des brides postérieures reliant le péricarde au rachis et au diaphragme et à des adhérences pleuro-costales empêchant l'interposition du poumon entre le cœur et la paroi. Ce signe est d'ailleurs rarement observé en raison de la dilatation hypertrophique du cœur, qui, chez les jeunes sujets surtout, accompagne très souvent la symphyse, et tend à produire, au contraire, une voussure précordiale.

Il y a lieu d'attacher plus d'importance à *l'absence d'expansion en avant de la partie inférieure du sternum pendant l'inspiration.* Normalement, la paroi costo-sternale se porte nettement en avant à chaque inspiration. Chez la plupart des sujets porteurs de symphyse avec brides médiastinales, l'abaissement du diaphragme est gêné par les adhérences qui unissent ce muscle au péricarde et, par suite, à la paroi précordiale. Aussi cette paroi reste-t-elle immobile, même pendant les inspirations forcées. Ce signe, qu'a fait connaître Wenckebach, se constate aisément lorsqu'on examine le malade debout et de profil.

Ondulations et pulsations anormales de la région précordiale. — Elles résultent souvent de l'hypertrophie et de la dilatation du cœur qui se trouve, de ce fait, mis en contact plus directement avec la paroi thoracique.

Les *soulèvements visibles à distance*, parfois suffisants pour imprimer un choc apparent à la tête qui ausculte, ne signifient pas toujours qu'il y ait hypertrophie ou dilatation du cœur : chez certains jeunes sujets, ils résultent du contact direct du cœur avec un plastron costal encore souple et mince, contact facilité par la conformation générale du thorax, allongé et étroit, et rendu plus direct en raison du faible développement des masses musculaires et de la graisse. Chez l'adulte même, l'éréthisme cardiaque provoqué par les émotions, de quelque ordre qu'elles soient, exagère ces soulèvements : ainsi en est-il souvent au début de l'examen médical.

Les *ondulations* de la région précordiale ont été signalées, chez les sujets porteurs de symphyse, par Sénac et Sanders. Il s'agit quelquefois d'une véritable reptation systolique précordiale, d'une sorte de mouvement de roulis (Jaccoud): Il débute avec la systole, et dessine, avec la

rotation du cœur autour de l'axe longitudinal,
la contraction successive des diverses zones
ventriculaires. Ces ondulations peuvent être
dues à des adhérences généralisées du péricarde.
Mais elles peuvent se voir aussi lorsqu'il existe
des rapports étendus et directs du cœur avec la
paroi, tels qu'ils se produisent dans certaines
dilatations considérables du cœur, ou encore
dans la pleuro-pneumonie chronique avec rétraction du poumon gauche. On les observe à droite
du sternum, quoique plus rarement, quand,
sous l'influence d'une pleuro-pneumonie chronique droite, le péricarde et le cœur ont été atti-
rés de ce côté, et y restent maintenus par des
adhérences extra-péricardiques.

On constate quelquefois, chez des sujets jeunes
et à paroi thoracique mince, atteints d'hypertrophie cardiaque, une *rétraction de la base*, au
niveau des 3ᵉ et 4ᵉ espaces, coïncidant avec un
choc normal. Cette particularité, favorisée par
l'écartement du poumon gauche, est due au recul
de la base du cœur pendant la systole ventriculaire. La contraction du cœur produit en effet,
dans le thorax, un vide relatif qui, à l'état normal, se trouve comblé par le poumon. Mais
quand le cœur est largement en contact avec la
paroi, sans interposition de lame pulmonaire,
ce sont les espaces intercostaux qui s'affaissent
sous l'influence de la pression atmosphérique.

Cette rétraction de la base n'a donc pas de valeur diagnostique spéciale.

Il n'en est pas de même de la *rétraction systolique de la pointe* dont il sera question à propos de la palpation.

Pulsations de l'aorte. — Quand la portion ascendante et transversale de la crosse de l'aorte est le siège d'une dilatation anévrysmale, on constate parfois, vers la partie interne des 2e et 3e espaces intercostaux droits, ou à la partie supérieure du sternum, des pulsations qui succèdent presque immédiatement au choc de la pointe. Elles sont le plus souvent légères, appréciables seulement en regardant de profil la poitrine du malade. Aussi faut-il les rechercher avec soin, surtout lorsque le malade se plaint de douleurs intercostales persistantes et non expliquées. Quelquefois, elles sont plus marquées et accompagnées de saillie : *tumeur pulsatile*. Ces pulsations sont systoliques, dues à la pénétration du sang dans le sac anévrysmal, avec un renforcement au début (François-Franck). Mais si l'on examine simultanément les pulsations de la pointe et celles de l'aorte, ou mieux, si l'on applique à leur surface des index de papier fixés avec de la cire, on arrive à cette conclusion qu'il ne s'agit pas de pulsations propagées, mais qu'il existe deux centres de battements : l'un pour le cœur, l'autre pour l'aorte.

Pulsations de l'artère pulmonaire. — On constate quelquefois, à la partie interne du 2e espace intercostal gauche, des pulsations systoliques en rapport avec un certain degré de dilatation de l'artère pulmonaire. Dans plusieurs des cas publiés (Bard, Courtellemont), il y avait simultanément rétrécissement de l'orifice pulmonaire.

Pulsations épigastriques. — Les pulsations épigastriques visibles sont dues, soit aux pulsations de l'aorte abdominale, soit à la transmission des battements cardiaques.

Chez les sujets à paroi abdominale mince et lâche, chez les femmes après l'accouchement, chez les neurasthéniques et dyspeptiques amaigris, les pulsations de l'aorte abdominale se voient très nettement à la région épigastrique et elles sont exagérées par toutes les causes qui augmentent l'activité du cœur.

Assez violentes chez certains hypocondriaques pour troubler le sommeil, ces pulsations simulent les palpitations cardiaques, et se produisent, comme elles, sous l'influence des troubles digestifs, des émotions et des préoccupations.

Les pulsations épigastriques peuvent être dues à un anévrysme de l'aorte abdominale : elles sont alors beaucoup plus fortes et, comme nous le verrons, accompagnées d'une sensation d'expansion.

Les battements épigastriques peuvent être dus enfin parfois au cœur lui-même, atteint de dilatation hypertrophique ou déplacé : c'est alors le *choc précordial visible à l'épigastre*. Il traduit tantôt la *dilatation hypertrophique du ventricule droit*, tantôt la *cardioptose*, c'est-à-dire l'abaissement du cœur sans modification de son volume. Ce dernier état, comparable à la néphroptose, s'observe chez des sujets nerveux, plus souvent du sexe masculin.

Signe de Broadbent. — On ne doit pas se contenter d'inspecter la région thoracique antérieure : l'examen de la région dorsale est à même parfois de nous donner des renseignements très intéressants. C'est ainsi que, chez les porteurs de symphyse péricardique, on observe souvent, au-dessous et un peu en dehors de la pointe de l'omoplate, une rétraction d'un ou de plusieurs espaces intercostaux, rétraction synchrone à la systole cardiaque. Ce signe n'aurait une valeur absolue, d'après Falland et Cooper, qu'autant qu'il serait permanent, c'est-à-dire non modifié par les mouvements respiratoires.

CHAPITRE II

—

PALPATION

L'inspection du cœur ne peut guère être séparée de sa palpation. Celle-ci se pratique en appliquant à pleine main la paume de la main gauche au niveau de la pointe, pendant que les doigts embrassent la région précordiale. On explore de la même manière les régions de la base du cœur. Il importe de ne pas se contenter du palper de la seule région précordiale, mais d'explorer aussi l'aisselle, pour y déterminer le siège et le caractère du choc de la pointe dans certains cas pathologiques, en fin de terminer par les régions épigastrique et hépatique.

La palpation de la région précordiale est à même de fournir, en clinique, trois espèces de sensations :

1° Des *soulèvements* : le choc systolique de la pointe du cœur est un phénomène normal ; au contraire, les soulèvements au niveau de la base sont exceptionnels et pathologiques.

2° Des *ébranlements vibratoires* qui répondent à la tension des appareils valvulaires.

3° Parfois des *frémissements* et des *frottements* qui sont, au toucher, ce que les souffles cardiaques et les frottements péricardiques sont à l'ouïe.

Choc systolique de la pointe. — Le choc de la pointe est le soulèvement rythmé que la main perçoit lors de la systole ventriculaire à la *partie la plus en dehors et la plus basse* de la région précordiale.

Il importe de ne pas se méprendre quand on parle du choc de la pointe : la face antérieure du cœur est, en effet, formée presque exclusivement par le ventricule droit. Le ventricule gauche ne vient au contact direct de la paroi que par la pointe qu'il constitue exclusivement. Or il est très fréquent de voir des sujets où la pointe du cœur, recouverte qu'elle est du poumon, ne se met en contact avec la paroi que dans l'expiration forcée ou mieux encore dans le décubitus latéral gauche.

On doit donc bien se souvenir, en palpant la région précordiale, que tout ce qui bat n'est pas la pointe, et que les pulsations perçues ne sont souvent que celles du ventricule droit. La méthode graphique a montré les différences qui séparent le tracé recueilli au niveau de la pointe de celui prélevé à la surface du ventricule droit.

Ces différences peuvent déjà se constater à la simple palpation. Le doigt placé en face de la pointe perçoit, au moment de la systole, un soulèvement rapide, quoiqu'ayant encore une durée appréciable, et qui se termine brusquement, comme l'a bien décrit Potain, par un ébranlement instantané. Ces sensations n'existent plus dès qu'on s'éloigne de la pointe. J. Mackenzie a montré que si l'on introduit le bout du doigt dans le 3ᵉ ou 4ᵉ espace, au voisinage du bord sternal, comme cela est possible chez certains sujets à espaces larges et à paroi mince, on sent au moment de la systole un durcissement qui dure autant que cette systole, mais sans projection en avant ni ébranlement valvulaire.

Le *choc de la pointe siège normalement* dans le 5ᵉ espace intercostal, un peu en dedans et au dessous du mamelon, entre les lignes verticales mamelonnaire et para-sternale (¹). Chez l'enfant, avant 6 ou 8 ans, il occupe le 4ᵉ espace, un peu plus près du mamelon. L'étroitesse, l'allongement ou la brièveté du thorax, son aplatissement latéral, sont autant de conditions qui modifient les rapports de la pointe avec la paroi. Son siège varie d'ailleurs avec les mouvements respiratoires et surtout avec les changements d'at-

---

(¹) Ligne fictive passant à égale distance du bord gauche du sternum et de la ligne mamelonnaire.

titude. Pendant l'inspiration, il descend derrière la 6e côte et devient imperceptible. Dans le décubitus latéral gauche, il se porte vers l'aisselle jusqu'à 2 centimètres en dehors du mamelon. Il se déplace à peine vers la droite dans le décubitus latéral droit. Cette mobilité est exagérée chez certains sujets, par exemple à la suite de brusques amaigrissements.

Au point de vue chronologique, le choc correspond exactement au début de la systole ventriculaire et coïncide avec le premier bruit du cœur. Chauveau et Marey l'ont démontré en enregistrant simultanément le tracé de la pression dans les cavités du cœur et la pulsation cardiaque : celle-ci a lieu au moment où la pression s'élève brusquement à son degré le plus élevé dans les ventricules, et l'ébranlement brusque qui la termine coïncide avec la fermeture des valves auriculo-ventriculaires.

Le choc du cœur est presque synchrone du battement de la carotide qui ne retarde sur lui que de 9/100 de seconde (Donders), de 6 à 12/100 de seconde (François-Franck et Lian), c'est-à-dire d'un intervalle non appréciable au simple palper. La différence est plus sensible avec le pouls radial, quoique toujours minime (14 à 18/100 de seconde), et seulement constatable par une exploration attentive.

Ce *léger asynchronisme entre le choc du*

cœur et la pulsation artérielle peut s'accentuer dans certains cas pathologiques, en raison surtout de l'allongement de la phase préparatoire de la systole. C'est ainsi que, dans certains cas d'insuffisance aortique (R. Tripier) et de rétrécissement mitral (Potain, J. Teissier), il est possible de noter un retard notable du pouls carotidien sur le soulèvement de la pointe. Dans un cas de rétrécissement pulmonaire, Bard a pu constater, par le retard du soulèvement pulmonaire, un allongement de la phase préparatoire limité au seul ventricule droit.

Le choc du cœur traduit toutes les *variations* et *anomalies du rythme ventriculaire*, la palpation complétant, à cet égard, les renseignements fournis par l'auscultation. Mais elle donne des indications plus spéciales sur les variations de volume, de siège, de force, de mobilité et de rapports du cœur, lesquelles se caractérisent par l'absence du choc, ses déplacements, son exagération, son immobilité, sa rétraction.

AFFAIBLISSEMENT OU ABSENCE DU CHOC. — L'affaiblissement, la disparition même du choc ne constituent pas toujours une anomalie. On peut, en effet, le constater chez des adultes normaux, soit par suite de l'interposition d'un poumon emphysémateux entre le cœur et la paroi, soit par simple épaississement adipeux de cette paroi, même sans surcharge graisseuse notable du myocarde.

Ce symptôme doit être cependant pris en considération lorsqu'on le voit survenir rapidement chez des sujets qui présentaient auparavant un choc normal. C'est alors un signe de faiblesse et de dilatation du cœur, qui nous renseigne plus particulièrement sur l'état du cœur droit. Tripier et Devic, Mackenzie ont fait remarquer que ce qui est en contact avec la paroi dans la dilatation cardiaque, c'est le ventricule droit, lequel forme alors la pointe et ne donne, comme nous avons vu, qu'un soulèvement inappréciable.

L'affaiblissement du choc acquiert une grande valeur lorsqu'il survient au cours d'une crise de rhumatisme articulaire aigu. C'est un signe de myocardite aiguë (P. Teissier, Rénon), ou d'épanchement intra-péricardique.

Potain a fait remarquer que le choc est affaibli chez les brightiques, malgré l'hypertrophie ventriculaire et l'hypertension artérielle. En réalité, l'affaiblissement porte surtout sur l'ébranlement final.

Augmentation de l'étendue du choc. — Elle n'a que peu de signification quand elle est accidentelle et fugace. L'émotion, notamment celle de l'examen, comme aussi le passage brusque de la position verticale à l'horizontale déterminent, chez certains sujets, une courte période d'éréthisme cardiaque qui se manifeste par des pulsations diffuses de la région précordiale.

Le phénomène a plus de valeur quand il est habituel. Encore faut-il tenir compte de l'étroitesse du thorax de certains adolescents et même d'adultes, d'où résulte un large contact de la face antérieure du cœur avec la paroi. Dans ces cas, de même que chez les émotifs palpitants, la percussion montrera une matité du cœur normale.

Il n'en est pas ainsi dans l'hypertrophie du cœur avec dilatation. La diffusion de l'impulsion cardiaque concorde alors avec une augmentation notable de la matité. Le choc, qui normalement est de 10 à 15 millimètres carrés, atteint 2 et 3 centimètres.

Quand la dilatation hypertrophique est limitée au ventricule gauche, quand surtout elle résulte d'une insuffisance aortique d'origine rhumatismale, le choc étendu présente une forme toute particulière que L. Bard a bien caractérisée en l'appelant *choc du dôme*. C'est un soulèvement arrondi, bien appuyé, bien circonscrit, qui tient au durcissement, pendant la systole, de la pointe dilatée en forme de calotte sphérique. Cette forme du choc, lorsqu'elle est associée à son abaissement avec déviation en

dehors, à l'augmentation de la matité cardiaque
et à la danse des artères du cou, permet de faire
presque à coup sûr le diagnostic d'insuffisance
aortique.

Lorsque la dilatation hypertrophique a atteint
les deux ventricules, le choc est alors plus diffus, occupant plusieurs espaces, se manifestant au palper comme un soulèvement allongé
qu'on peut comparer à une carène de navire
renversée ou à une voûte de cathédrale. Cette
grande diffusion du choc s'observe chez certains
sujets d'âge moyen (alcooliques, gros mangeurs,
ouvriers surmenés). On la voit aussi chez des
sujets peu avancés en âge, atteints de cardiopa-
thies rhumatismales complexes. C'est chez ces
malades que l'inspection montre, même en l'absence de symphyse, des ondulations systoliques
précordiales. Cet état coïncide le plus souvent
avec un degré variable d'hypertrophie hépatique.

Augmentation d'énergie du choc. — Elle est
presque toujours associée à l'augmentation de
son étendue. D'appréciation difficile, elle ne
donne que des renseignements discutables sur
l'énergie des contractions cardiaques. La brusquerie et la brièveté des systoles que déterminent les émotions, la fièvre, les excitations physiques en sont une première cause. Et cependant
la force des contractions cardiaques semble, en
pareils cas, diminuée plutôt qu'augmentée, si

l'on s'en rapporte à l'état de la pression
artérielle. Le contraste est surtout saisissant
pendant les accès de tachycardie paroxystique
où la région précordiale est animée de battements violents, tandis que les pulsations radia-
les sont à ce point affaiblies qu'un grand nombre échappe à l'exploration du doigt.

Les soulèvements les plus apparents, ceux
qui ébranlent le plus vivement la paroi, ne
sont donc pas toujours les plus forts. *L'énergie
du choc se traduit plutôt par la résistance à
la main qui palpe.* Chez l'hyposystolique, un
choc résistant traduit de meilleures conditions
qu'un choc nul ou peu sensible.

DÉPLACEMENTS DU CHOC. — Ils dépendent, soit
de l'augmentation de volume du cœur, soit du
refoulement de cet organe.

a) L'hypertrophie et la dilatation du cœur
déterminent ainsi l'abaissement de la pointe et
sa déviation vers l'aisselle.

Quand l'hypertrophie porte sur le ventricule
gauche, dont la direction se rapproche de la
verticale, le choc de la pointe est abaissé et peut
être senti dans le 6ᵉ espace intercostal et même
plus bas ; si cette cavité est simultanément dilatée, ainsi qu'il arrive, par exemple, dans les
grandes insuffisances aortiques, l'impulsion est
en même temps reportée à gauche de la ligne
mamelonnaire.

Quant au cœur droit, dont la direction est oblique de droite à gauche, sa dilatation tend à faire dévier le choc vers l'aisselle, sans l'abaisser ; son hypertrophie détermine l'apparition ou l'extension du choc vers la partie inférieure du sternum, et à l'épigastre.

Lorsque l'hypertrophie et la dilatation portent sur les deux ventricules, il y a simultanément abaissement avec déviation notable en dehors : ainsi en est-il quand l'insuffisance aortique d'origine rhumatismale est associée à une lésion mitrale, et plus encore quand cette double affection valvulaire coexiste avec une symphyse péricardique.

L'abaissement du choc n'a pas, à lui seul, une valeur absolue. Il n'est parfois qu'apparent et résulte des rapports anormaux du cœur avec un thorax étroit ou malformé. Chez l'adolescent, le choc se voit et se sent souvent dans le 6ᵉ espace, et cette anomalie peut même persister toute la vie, sans qu'il y ait lieu d'en conclure à une hypertrophie du ventricule gauche. On évitera cette erreur d'interprétation en constatant par la percussion que la matité est de dimensions normales et que sa limite supérieure est abaissée tout autant que le choc de la pointe.

b) Le choc du cœur est déplacé en haut vers le 3ᵉ espace intercostal dans les grands épanchements péricardiques.

Dans la pleurésie gauche, le déplacement de l'impulsion cardiaque à droite du sternum est un signe d'épanchement abondant. Le cœur est alors refoulé en masse, le grand axe de l'organe étant toujours dirigé de haut en bas et de droite à gauche, et ce que l'on sent représente les battements du ventricule droit, simple expansion systolique plutôt que choc. Quant à la pointe, elle est restée en arrière du sternum, alors que dans la dextrocardie congénitale, c'est bien la pointe qui bat à droite sous le mamelon. Ce caractère distinctif, établi par la clinique (L. Bard, Pitres), a été confirmé par la radioscopie.

La pleuro-pneumonie chronique droite est une autre cause de dextrocardie acquise, avec cette même particularité de translation en masse du cœur vers le côté droit où l'attire la rétraction du poumon.

Les tumeurs du médiastin peuvent diversement déplacer le choc du cœur, suivant leur siège.

Les grandes tumeurs de l'abdomen et les ascites abondantes le refoulent en haut et à gauche.

Immobilisation du choc. — L'immobilisation du choc est un signe de symphyse cardiaque auquel Potain attachait à juste titre une grande valeur. Normalement, nous l'avons vu, le choc se dévie de 2 à 3 cms dans le décubitus latéral gauche; cette mobilité n'existe plus quand la pointe du cœur a été immobilisée par des adhérences intra et extra-péricardiques.

RÉTRACTION SYSTOLIQUE DU CHOC. — Elle peut être limitée à un seul espace (dépression unicostale de Jaccoud), ou étendue à une grande partie de la surface du cœur (dépression pluricostale). C'est à la fois un signe d'inspection et de palper : en même temps que la main perçoit le durcissement de la paroi cardiaque, la vue, et mieux le tracé, montrent une dépression synchrone à la systole.

Ce signe nécessite des rapports directs et étendus du cœur avec le plastron précordial. Il indique que le cœur est à la fois dilaté et hypertrophié, le ventricule droit formant à lui seul la face antérieure et la pointe même du cœur.

La symphyse péricardique d'origine rhumatismale, avec dilatation hypertrophique du cœur, est certainement une des causes les plus communes de la rétraction systolique. Mais elle s'observe souvent en l'absence de toute adhérence du péricarde, et n'a que la valeur d'une indication à vérifier par d'autres moyens de diagnostic.

Pulsations aortiques et pulmonaires. — Elles sont perçues par la main qui palpe la région de la base, mais seulement dans certaines con-

ditions pathologiques, et toujours associées à des
battements visibles. Comme ces derniers, elles
traduisent la dilatation de ces vaisseaux. Les
pulsations en rapport avec le développement d'un
anévrysme de l'aorte donnant à la main une
sensation non seulement de soulèvement, mais
encore d'*expansion* qui est caractéristique.

Pulsations épigastriques. — La palpation les constate plus aisément que la simple
inspection. De plus, elle permet, par la recon-
naissance du caractère de *tumeur expansive*, de
distinguer les battements anévrysmaux de ceux
de l'aorte abdominale transmis par une tumeur
solide placée en avant du vaisseau.

Il ne faut pas confondre, avec ces pulsations
aortiques, les pulsations épigastriques en rapport avec la dilatation du ventricule droit.
Mackenzie les a signalées à la dernière période
de la fièvre typhoïde et d'autres grandes infec-
tions. A l'autopsie d'un de ses malades, une
aiguille, enfoncée au point où avaient été re-
cueillis des tracés de ces pulsations, fut retrou-
vée enfoncée dans la paroi du ventricule droit.

Chez beaucoup d'emphysémateux, la paume
de la main, appliquée à la partie inférieure du
sternum et légèrement enfoncée sous le diaphragme, permet de percevoir un soulèvement
systolique. C'est que la main, refoulant de la
sorte l'épigastre, embrasse le ventricule droit

d'une manière assez intime pour en sentir les variations de volume. C'est un signe de dilatation de cœur droit d'autant plus précieux qu'il est difficile de compter, dans l'emphysème, sur les résultats de la percussion.

Vibrations valvulaires. — Nous avons vu que si la contraction du cœur donne au palper la sensation d'un soulèvement limité, la *tension de ses valvules* se manifeste par un *ébranlement vibratoire*. Ce dernier, dans certains cas exceptionnels, peut être intense au point de se transmettre à travers une main interposée (Bard). Il y a là comme un *équivalent tactile des bruits du cœur :* mais ceux-ci sont d'une perception facile, tandis que les vibrations ne sont sensibles, pour une main non expérimentée, qu'à la condition d'être exagérées.

Cette exagération peut résulter, soit de la brusquerie de la tension ou de la chute des valvules, soit de leur induration athéromateuse. Elle peut tenir aussi à certaines conditions extra-cardiaques qui favorisent leur transmission, par exemple à l'induration des zones pulmonaires placées en avant de leurs foyers de production.

Ces foyers sont les mêmes que ceux des bruits du cœur.

L'exagération de la vibration mitrale (équivalent, comme nous le verrons, de l'*éclat augmenté du premier bruit*), a son maximum au niveau de la pointe. Cette exagération s'observe, transitoirement, dans l'éréthisme cardiaque que déterminent les excitations physiques et morales. Elle est permanente, associée à une dureté toute particulière dans le rétrécissement mitral, terminant brusquement, nettement, le frémissement cataire présystolique que nous étudierons tout à l'heure. Cette *dureté clôturale* (L. Bard), permet de prévoir le diagnostic de rétrécissement mitral, quand l'irrégularité ou l'accélération des battements du cœur empêchent la production ou la perception des bruits anormaux qui en sont les signes habituels.

L'exagération de la vibration sigmoïdienne aortique se perçoit à la base du cœur, un peu à droite du sternum. Elle révèle l'hypertension artérielle, mais surtout l'induration athéromateuse des valvules sigmoïdes de l'aorte.

L'exagération de la vibration sigmoïdienne pulmonaire peut être sentie au niveau des 2e et 3e espaces intercostaux gauches, dans les lésions mitrales ou dans les affections chroniques du poumon qui s'accompagnent d'hypertension dans la petite circulation. Mais elle est également ment constatable quand l'origine de l'artère pulmonaire est directement en contact avec la paroi, ou séparée d'elle par une lame de poumon en état d'induration.

Le dédoublement des vibrations sigmoï-

diennes pulmonaire et aortique est parfois perceptible au palper. Il a la même signification que le dédoublement du deuxième bruit révélé par l'auscultation.

Frémissements cataires. — La palpation de la région précordiale révèle, dans certaines lésions orificielles, un frémissement, appelé *cataire* par Laënnec, parce qu'il rappelle la sensation que donne la main appliquée sur le dos d'un chat qui ronronne. C'est le *thrill* des auteurs anglais.

Traduction tactile du souffle, il résulte comme lui de la formation d'une veine fluide au point où le sang passe d'une partie rétrécie dans une partie large. Mais il n'accompagne le souffle que dans certains cas déterminés, parce qu'il ne se produit qu'avec des vibrations rares qui dépendent, ou de la faible pression de la colonne liquide, ou de la forme de l'orifice rétréci. Par contre, il peut se percevoir dans des conditions qui ne sont pas favorables à la production d'un souffle, et devenir alors un signe important pour le diagnostic.

Il importe, pour constater le frémissement, de palper la région précordiale avec la paume de la main plutôt qu'avec l'extrémité des doigts, et de palper légèrement. On le sent parfois en frôlant à peine les points où il présente son maximum, points qui correspondent d'ailleurs aux foyers des souffles des mêmes orifices.

Le frémissement cataire est toujours plus nettement perçu pendant l'expiration, L'accélération du cœur provoquée par la marche rapide le rend plus apparent.

Au point de vue sémiologique, le frémissement cataire appartient aux rétrécissements bien plutôt qu'aux insuffisances orificielles. C'est ainsi qu'il est exceptionnel dans l'*insuffisance aortique* et qu'il est pour le moins peu fréquent dans l'*insuffisance mitrale*.

Le *rétrécissement mitral* est l'affection où le frémissement cataire présente les caractères les plus nets et les plus significatifs. Ordinairement localisé, quelquefois diffus avec maximum un peu en dedans et au-dessus de la pointe, il est ou bien présystolique, alors rude et assez court ; ou plus souvent prolongé, occupant une partie de la diastole. C'est dire qu'il coïncide exactement, soit avec le souffle présystolique, soit avec le roulement diastolique dont il n'est que l'équivalent tactile.

On constate le frémissement cataire plus fréquemment et plus aisément dans les cas où existe le roulement, ce dernier étant produit par des vibrations rares et basses que le palper perçoit plus facilement que l'ouïe. Nous avons vu que le frémissement peut même exister dans des cas où l'auscultation reste négative.

Il est quelquefois difficile de localiser exactement son temps et de le distinguer du frémissement systolique de l'insuffisance mitrale. On y arrivera, comme l'a montré Bard, en recherchant ses rapports avec le choc. Le frémissement cataire cesse, en effet, brusquement avec le choc vibrant.

Il est bon d'ajouter que la valeur sémiologique du frémissement cataire ne dépasse pas celle du souffle ou du roulement, et qu'il peut se montrer comme eux dans des cas où il n'existe aucune lésion organique de l'orifice. Au contraire, la dureté de la vibration mitrale, traduisant l'induration de la valvule, doit être considérée comme caractéristique du rétrécissement organique.

Le *rétrécissement tricuspidien* peut également se caractériser par un frémissement cataire qui diffère de celui du rétrécissement mitral par sa localisation prédominante au foyer tricuspidien, sur le bord gauche du sternum.

Le *rétrécissement aortique*, quand l'orifice rétréci est bordé d'aspérités dures et inégales, donne souvent naissance à un frémissement cataire systolique de la base, qui présente son maximum au niveau des 2e et 3e espaces droits, se propageant, pour peu qu'il soit intense, jusque dans les artères sous-clavières et les carotides. Ce frémissement est tout à fait caractéristique et présente une valeur sémiologique supérieure à celle du souffle systolique aortique dont la présence à elle seule ne permet pas de conclure à l'existence d'un rétrécissement.

Le frémissement systolique du foyer aortique peut être dû à un anévrisme de l'aorte ascendante. Il coïncide alors avec les autres signes de cette affection, notamment avec la tuméfaction pulsatile.

Le *rétrécissement de l'artère pulmonaire* se traduit assez souvent par un frémissement qui siège à gauche du sternum, au niveau des 2° et 3° espaces, et qui se propage vers la clavicule gauche. Ce frémissement se confond quelquefois avec celui dû à la *communication interventriculaire*. Cette malformation provoque un frémissement souvent intense, qui siège vers le tiers supérieur de la région précordiale, mais dont la propagation est transversale.

Frottements péricardiques. — La main appliquée sur la région précordiale perçoit quelquefois, au début ou au cours de la péricardite sèche, une sensation très superficielle de râclement qui se distingue de celle que donne le frottement pleurétique par son rythme et par sa persistance lors de la suspension des mouvements respiratoires.

Le frottement perçu par la main est d'ailleurs moins constant et moins net que celui constaté à l'auscultation.

Palpation du foie. — La palpation de la région hépatique est absolument nécessaire pour compléter les renseignements que nous donne la palpation du cœur. Il ne faut pas oublier que l'hypertrophie du foie est un des signes les plus importants de la dilatation cardiaque, qu'il en est même un signe précoce, pouvant précéder l'apparition des symptômes subjectifs.

Or, si la percussion permet seule de fixer la limite supérieure du foie, les renseignements qu'elle donne sur la situation du bord inférieur sont souvent bien moins précis que ceux de la palpation. Celle-ci peut cependant être mise en défaut par le météorisme abdominal ou par la contraction musculaire. Il faut alors chercher, non pas tant la sensation précise du bord tranchant du foie qu'une certaine résistance caractéristique. Souvent, on se fiera à la douleur qu'accuse le malade à la pression du bord inférieur, et particulièrement au niveau du lobe gauche. Cette sensibilité, très vive lorsque la stase sanguine est récente, s'atténue à la suite des congestions prolongées. Elle disparaît même en cas de cirrhose cardiaque constituée.

La palpation du foie permet aussi de reconnaître l'existence des *pulsations hépatiques*, lesquelles donnent une sensation de soulèvement avec légère expansion en masse. Ces pulsations, plus aisées à inscrire souvent qu'à

percevoir au simple palper, sont habituellement
·synchrones au choc de la pointe, et traduisent la
propagation à travers la veine cave inférieure
d'une onde rétrograde formée par la systole du
ventricule droit. On a cru pendant longtemps
qu'elles étaient caractéristiques d'une insuffisance tricuspidienne, d'autant plus qu'elles coïncident toujours avec un pouls jugulaire également systolique. Il semble cependant que les
pulsations hépatiques et jugulaires puissent
exister sans insuffisance tricuspidienne, par
exemple dans les arythmies où les oreillettes
sont paralysées. C'est en tout cas un signe de
fâcheux augure, indiquant une dilatation prononcée des cavités droites. Le pronostic serait
particulièrement mauvais, d'après Mackenzie,
lorsque ces pulsations hépatiques apparaissent
chez un cardioscléreux.

Les pulsations hépatiques peuvent être, dans
quelques cas exceptionnels, *présystoliques*, c'est-
à-dire synchrones à la contraction auriculaire.
La constatation précise de ce phénomène ne peut
être faite que des tracés graphiques.

CHAPITRE III

—

PERCUSSION

La percussion de la région précordiale révèle
une matité qui répond aux rapports de la face
antérieure du cœur avec la paroi thoracique, et
dont l'étendue et la forme varient avec les changements de volume ou les déplacements de l'organe. Complément nécessaire de la palpation
dont il précise les résultats, ce procédé d'examen
permet de déterminer, avec une exactitude relative mais suffisante pour les besoins de la clinique, l'hypertrophie et la dilatation des diverses
cavités du cœur, et d'aider au diagnostic des
épanchements liquides du péricarde.

On peut considérer que les limites du cœur,
telles que nous les montre la percussion, correspondent, à un demi-centimètre près, à celles que
donne chez le même sujet l'examen radioscopique (de la Camp, von Schrötter, Vaquez et
Bordet).

La percussion doit être faite méthodique-
ment, le malade étant en décubitus dorsal, la

face antérieure du thorax mise à nu ou recouverte d'un linge mince et souple. Un seul doigt, de préférence le médius de la main droite, fléchi en marteau, frappe la région précordiale à travers le médius de la main gauche interposé, en procédant de la périphérie vers le centre, des parties sonores vers les parties mates, d'après le procédé de la *percussion périphérique et convergente de Potain.*

Les changements de sonorité sont immédiatement fixés au crayon dermographique, l'ensemble des traits ainsi obtenus représentant le contour de la matité cardiaque. Ce contour ne peut être terminé à sa partie inféro-interne, parce qu'à cet endroit, le cœur repose directement sur le foie par l'intermédiaire du diaphragme, et que leurs deux matités se confondent. Mais telles sont la fréquence et l'importance des variations de volume du foie dans les maladies du cœur, qu'il est toujours utile de rechercher simultanément les dimensions des deux organes.

La limite supérieure de la matité hépatique est facilement déterminée par la percussion; quant à sa limite inférieure, elle ne peut être bien fixée, comme nous l'avons vu, qu'avec le concours de la palpation. Le résultat obtenu sera résumé dans un tracé unique, le *tracé cardio-hépatique.*

Matité relative et matité absolue. — La matité cardiaque comprend deux zones différenciables. Le doigt qui percute concentriquement la région précordiale rencontre tout d'abord une simple élévation du son pulmonaire, à peine une *submatité*, en une série de points qui répondent au contour de l'aire cardiaque encore sé-parée de la paroi par des lames pulmonaires. Puis, plus au centre, il rencontre une *matité vraie*, qui correspond à la portion découverte de la face antérieure du cœur, à celle directement en contact avec le plastron sternocostal.

Les zones ainsi délimitées sont appelées : la première, matité relative ou grande matité ; la seconde, matité absolue ou petite matité.

Pour fixer les contours de la *matité relative*, il faut pratiquer la *percussion un peu forte*, suivant une série de lignes qui commencent à quelque distance de sa limite habituelle. Dès que l'on constate une élévation de tonalité du son pulmonaire, on en peut conclure que la couche de poumon mise en vibration est moindre parce que le cœur se trouve en arrière, et on trace un trait de crayon sans aller plus loin. Nous conseillons de fixer, dans ce même temps, par une percussion forte dirigée de haut en bas sur la ligne mamelonnaire droite, le bord supérieur du foie. Le tracé obtenu, après exploration de toute la périphérie du cœur, représentera un large triangle à base inférieure (*fig.* 1).

Le bord gauche, constitué par le ventricule gauche, forme normalement une ligne oblique en bas et vers la gauche, étendue de la 3ᵉ articula-

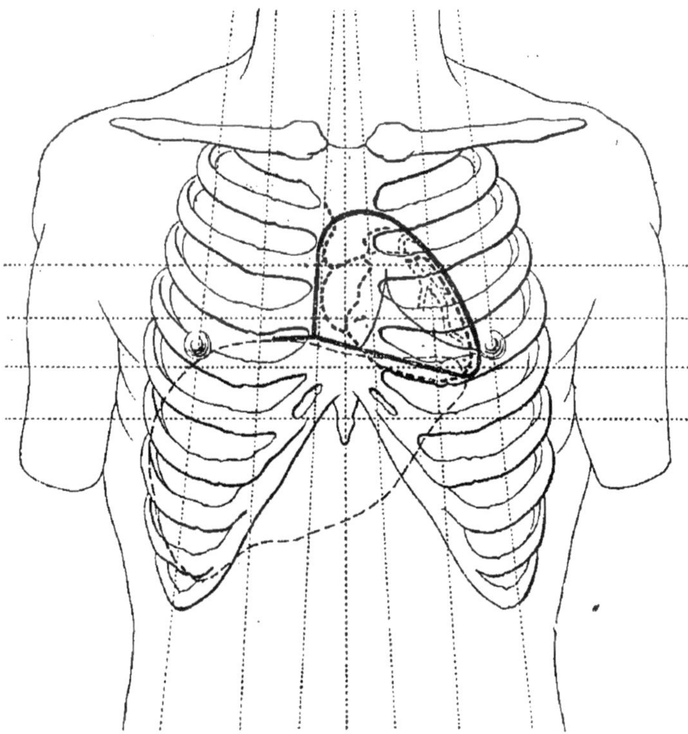

Fig. 1. — Matité cardiaque relative ou grande matité
chez l'adulte normal (Potain).

tion chondrosternale gauche jusqu'au voisinage du choc de la pointe. Nous ne reviendrons pas sur les difficultés que l'on rencontre parfois à fixer le siège exact de cette dernière. Bien souvent le palper ne nous transmettra que les battements du ventricule droit. A la vérité, on arrive presque toujours à reconnaître le choc de la pointe en plaçant le malade dans le décubitus latéral gauche, mais ce résultat n'est obtenu qu'en déplaçant le cœur dans son ensemble. Il nous paraît meilleur, tout en prenant comme base les constatations du palper dans le décubitus dorsal, de chercher à délimiter la pointe par la percussion un peu forte. Avec l'habitude, on arrive à des résultats très sensiblement exacts.

On fixera ensuite le bord droit, en général parallèle au bord droit du sternum. Il le déborde plus ou moins selon le degré de développement de l'oreillette droite, et les résultats de la percussion sont ordinairement moins précis de ce côté qu'au niveau du bord gauche, car l'oreillette quittant le contact du sternum, s'enfonce assez rapidement vers la profondeur, au moins dans les conditions normales. Il en est autrement dans l'asystolie, où les cavités droites fortement gonflées viennent s'appliquer plus intimement à la paroi costale, donnant alors une matité plus franche, plus aisée à mettre en évidence.

En haut, la matité cardiaque se continue avec celle des gros vaisseaux dont il est difficile de la séparer.

Quant au bord inférieur, constitué par le ventricule droit, il est couché dans la gouttière thoraco-diaphragmatique et sur le foie dont la matité se confond avec la sienne : pour le fixer approximativement, il suffit de tracer une ligne fictive allant depuis la pointe jusqu'à l'intersection du bord droit du cœur et de la limite hépatique supérieure.

La *matité absolue* se détermine à l'aide de la *percussion faible*. Il suffit de percuter doucement, même sans doigt interposé, pour rencontrer, à la limite des portions couverte et découverte de la face antérieure du cœur, un son de matité franche et une sensation simultanée de résistance au doigt, cette dernière plus caractéristique même, pour le clinicien exercé, que la modification du son. On arrive ainsi à dessiner la figure d'un triangle (*fig.* 2), inscrit dans celui de la matité relative, ou d'un quadrilatère irrégulier, dont l'étendue chez l'adulte, comme l'a établi Bouillaud, est de 40 à 51 millimètres carrés. La matité y est uniforme : on peut s'en assurer en contrôlant les résultats de la percussion concentrique par la percussion excentrique.

Le côté droit de cette zone de matité absolue répond au bord gauche du sternum et s'étend de l'extrémité interne du 4e espace à l'insertion sternale du 6e cartilage gauche.

Le côté gauche va de l'extrémité interne du 4ᵉ espace intercostal jusqu'à la pointe du cœur ; il est souvent formé de deux lignes qui se croisent à angle très ouvert.

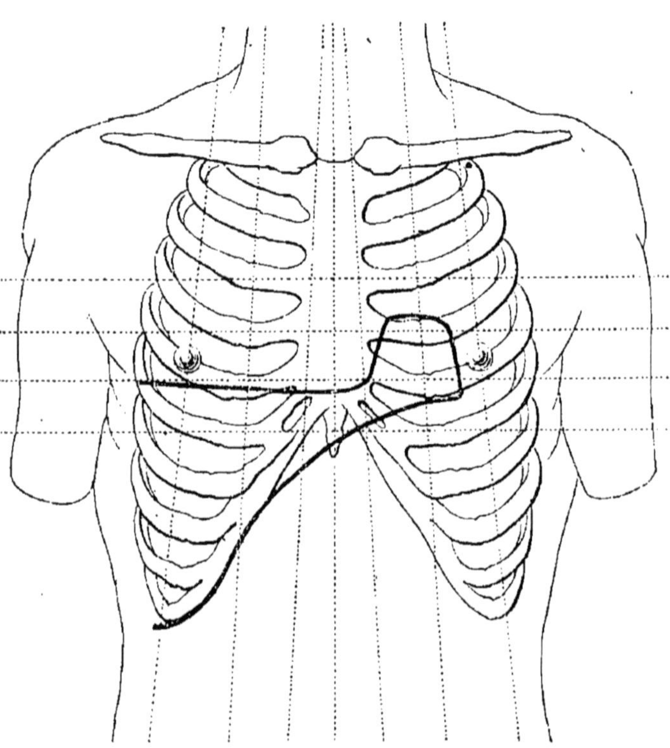

Fig. 2. — Matité cardiaque absolue ou petite matité chez l'adulte normal.

Le côté inférieur, confondu en partie avec la matité du foie, est figuré par une ligne horizontale allant de l'insertion sternale du 6ᵉ cartilage costal gauche jusqu'au voisinage de la pointe. Celle-ci se trouve habituellement en dehors de la matité absolue, recouverte qu'elle est par une languette de poumon. Quant à la région sternale, elle est normalement sonore à la percussion faible.

La détermination simultanée des deux matités n'est nécessaire que pour des recherches spéciales ou pour des cas particuliers. L'une ou l'autre suffit, en pratique, pour apprécier le volume du cœur.

Le principal avantage de la recherche de la matité absolue est la facilité avec laquelle on peut la déterminer. Les renseignements qu'elle fournit sont généralement nets, et toujours des plus instructifs. Ses variations, avait déjà dit Bouillaud, permettent d'apprécier tous les changements de volume du cœur, celui-ci refoulant plus ou moins les poumons suivant le degré de son hypertrophie et de sa dilatation. La plus légère distension de l'organe, le faisant bomber en avant, augmente, de ce fait, l'étendue de son contact avec la paroi et, par suite, celle de la matité absolue.

La recherche de la matité relative exige une plus longue expérience, parce qu'elle se base sur des nuances de sonorité dont la constatation n'est pas toujours des plus aisées. On ne saurait, cependant, trop recommander aux élèves de s'y habituer dès le début de leurs études, et de se faire, par des exercices répétés de cette manœuvre, l'éducation de l'oreille et du doigt. La *matité absolue* ne nous donne, en effet, des dimensions cardiaques, qu'une image réduite, et déformée, d'une manière variable selon les individus, par la configuration des bords pulmonaires. La *matité relative* répond, au contraire, à la projection réelle de toute la face antérieure du cœur sur la paroi. Comme nous le verrons, les indications qu'elle donne sont assez nettes, si l'on en excepte le bord droit, pour qu'on les puisse rapprocher de celles fournies par la radioscopie.

Variations individuelles et physiologiques de la matité cardiaque. — La matité cardiaque varie suivant les âges, les individus, les mouvements respiratoires et l'état des poumons, les altitudes et les diverses circonstances physiologiques.

La matité absolue est exagérée, mais dans des limites toujours modérées, chez les adolescents et les adultes à thorax étroit relativement à la masse du cœur. Elle est un peu plus grande pendant l'expiration que pendant l'inspiration.

Les deux matités sont exagérées, comme l'ont montré Potain et Vaquez, chez les sujets à poitrine bien développée, dont le myocarde s'est physiologiquement hypertrophié sous l'influence

d'exercices physiques d'ordre sportif ou profes-
sionnel.

Les attitudes en déplacent ou en augmentent
les limites. Dans le décubitus latéral gauche, le
bord gauche du cœur se dévie en dehors de 3 centimètres et demi ; il se **rapproche** du sternum de
près de 2 centimètres dans le décubitus latéral
droit. La position penchée en avant augmente les
rapports du cœur avec la paroi et, par ce fait
même, l'étendue des deux matités. Elles augmentent aussi après les repas, par suite du refou-

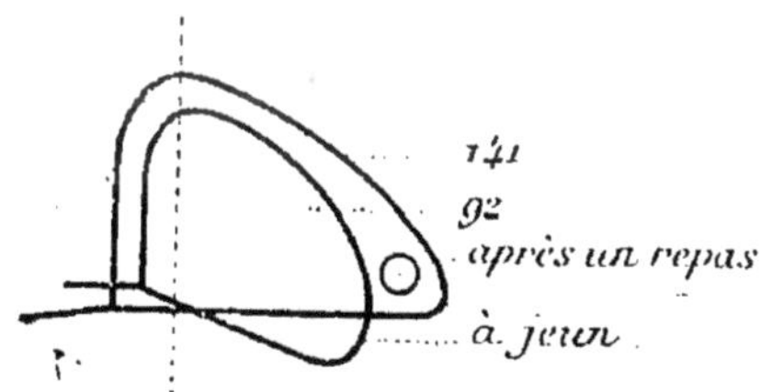

Fig. 3. — Changement de la matité cardiaque sous l'influence
des repas (Potain).

lement du cœur en haut et en avant par l'estomac distendu (*fig.* 3). Le même refoulement du
cœur en haut et en avant chez la femme en-
ceinte donne lieu aussi à une augmentation
légère de la matité (Pouliot).

Il faut enfin savoir que le cœur, comme tous
les réservoirs musculeux, est essentiellement di-
latable et rétractile. Aussi la matité cardiaque
se modifie-t-elle sous l'influence de toutes les

causes qui déterminent une dilatation transitoire du cœur, ou qui facilitent son évacuation en augmentant l'énergie des systoles.

Variations pathologiques de la matité du cœur dues aux changements de son volume. — Les changements de volume du cœur peuvent porter sur sa totalité ou sur l'une de ses parties. Aussi, pour interpréter utilement les renseignements de la percussion, est-il bon de se rappeler la configuration de la face antérieure

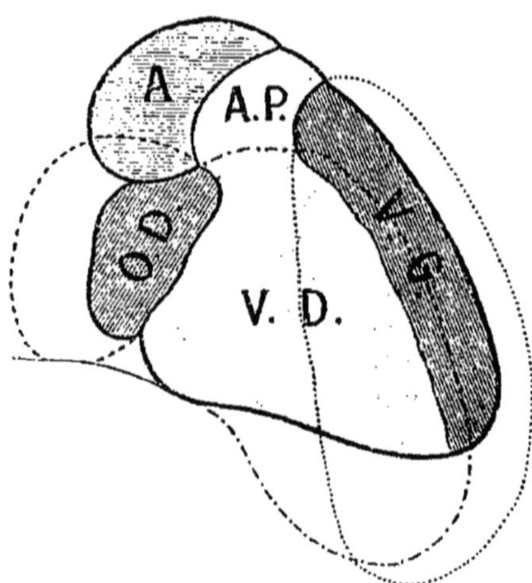

Fig. 1. — Rapports des différentes parties du cœur avec la paroi. OD, zone de percussion de l'oreillette droite : A. zone de l'aorte ; AP, zone de l'artère pulmonaire ; VD, zone du ventricule droit ; VG, zone du ventricule gauche. Les lignes pointillées indiquent la direction dans laquelle se fait la dilatation de chacune de ces cavités.

du cœur. La *fig.* I représente les rapports de ses diverses parties constituantes avec la paroi, et elle montre :

1° Que l'oreillette droite est placée derrière la moitié droite du sternum, aux environs des 3ᵉ et 4ᶜ espaces et que son bord libre déborde légèrement le bord droit de cet os ;

2° Que le ventricule droit occupe la moitié gauche de la région rétro-sternale et la plus grande partie de la région précordiale située à gauche du sternum ; que son plus grand diamètre est oblique et transversal ;

3° Que le ventricule gauche n'est visible que dans un quart à peine de la face antérieure du cœur, et que son grand diamètre est oblique et vertical.

Il est dès lors aisé de prévoir ce qu'apprend l'observation clinique et anatomo-pathologique, à savoir :

1° Que la dilatation de l'oreillette droite, refoulant le poumon droit, se traduit par la matité absolue de la région sternale et d'une bande plus ou moins large de la zone interne des 3ᵉ et 4ᵉ espaces droits (*fig.* 4) ;

2° Que l'hypertrophie, et surtout la dilatation du ventricule droit, le faisant bomber en avant et vers la gauche, écarte vers l'aisselle le poumon de ce côté, d'où exagération de la matité cardiaque dans tous les sens, mais surtout suivant le diamètre transversal ;

3° Que l'augmentation de volume du ventricule gauche exagère également dans tous les sens cette matité, mais d'une manière prédominante dans le sens vertical, avec abaissement, plus que déviation en dehors, de son extrémité inféro-externe, en même temps que du choc de la pointe.

Il est une autre notion générale qui doit être présente à l'esprit, quand on percute le cœur : c'est que sa dilatation augmente beaucoup plus son volume, et par conséquent sa matité, que l'hypertrophie. La distension des cavités cardiaques atteint souvent des proportions considérables, tandis que l'augmentation d'épaisseur de leurs parois ne peut dépasser certaines limites. Aussi les grandes matités cardiaques sont-elles généralement imputables à la dilatation du cœur, ordinairement associée à un certain degré d'hypertrophie.

Les causes des variations de la matité cardiaque sont trop diverses pour qu'il soit possible de les toutes énumérer, mais il est un certain nombre de types qui peuvent servir d'exemples et de guides.

Telle est ainsi la configuration de la *matité cardiaque dans l'insuffisance aortique d'origine rhumatismale,* quand celle-ci est assez accentuée pour produire un fort reflux de l'ondée sanguine artérielle dans le ventricule gauche, d'où dilatation et hypertrophie de ses parois. Ainsi que le montre la *fig.* 5, la matité est alors augmentée dans tous les sens, mais surtout en

hauteur. Au lieu de 4 à 6 centimètres, son diamètre vertical est de 8, 10 et 12 centimètres.
Quand le cœur vient à se fatiguer, la dilatation
et par suite la matité augmentent encore, tou-

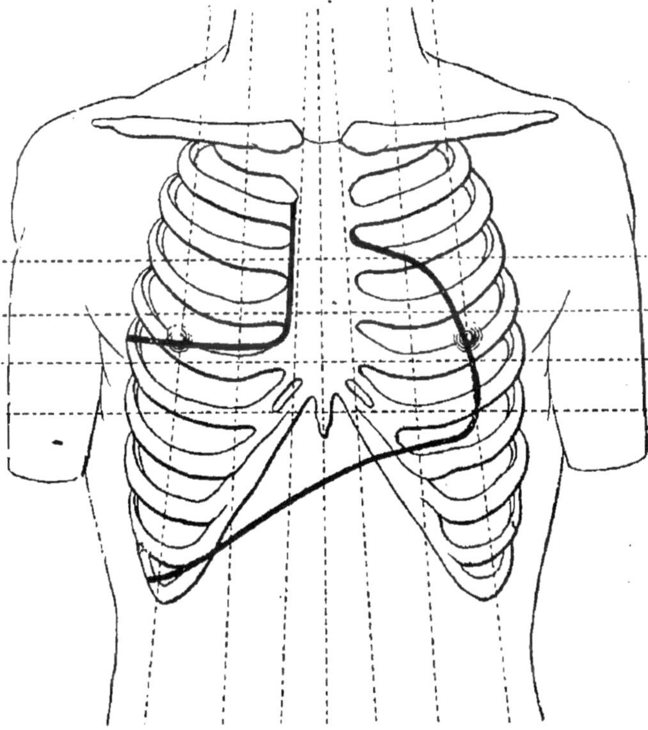

Fig. 5. — Insuffisance aortique, suite d'endocardite. Hypertrophie
avec dilatation du ventricule gauche (matité relative).

jours avec tendance à l'abaissement de la pointe
dans le 6ᵉ espace intercostal ou même plus bas.
On note de plus, comme nous l'avons vu, une
exagération de l'étendue et de l'intensité du choc

qui soulève « en dôme » l'espace correspondant.

La matité et le choc ne présentent ni ce développement, ni cette ampleur dans l'*hypertrophie simple* du ventricule gauche le plus souvent liée à un certain degré d'hypertension artérielle. Il n'existe pas de choc en dôme, et même, comme l'a montré Potain, l'impulsion cardiaque est plutôt affaiblie dans l'hypertrophie ventriculaire gauche d'origine rénale. Mais la percussion révèle une exagération du diamètre vertical de la matité, et ce signe présente une grande valeur, car on en peut déduire que l'hypertension artérielle est déjà constituée depuis un temps relativement long.

Bien différente est la *matité cardiaque dans l'insuffisance mitrale*. Quand celle-ci est notable, elle s'accompagne d'hypertrophie compensatrice, légère au ventricule gauche, plus marquée au ventricule droit. Ce dernier, en raison du reflux sanguin dans l'oreillette gauche et dans les vaisseaux pulmonaires, présente en même temps un certain degré de dilatation. C'est donc le développement exagéré du ventricule droit qui modifie surtout la configuration de la matité (*fig.* 6). On notera l'élargissement de la pointe déviée vers l'aisselle. L'impulsion cardiaque est diffuse, la pointe du cœur étant presque toujours formée par le ventricule droit.

Cette augmentation de la matité reste modérée
tant que l'insuffisance mitrale est compensée ;
elle devient considérable à la période d'asystolie,
c'est-à-dire quand le ventricule droit s'est laissé

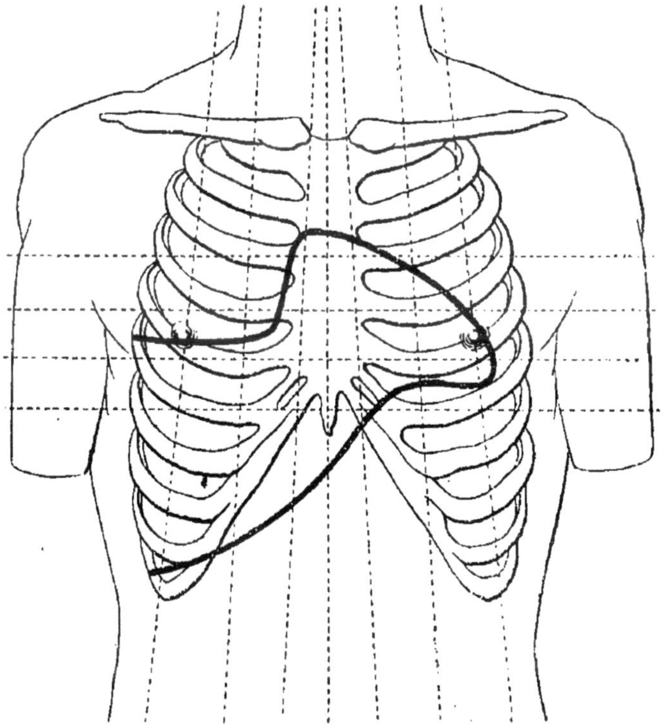

Fig. 6. — Insuffisance mitrale simple, suite d'endocardite.
Légère hypertrophie du ventricule droit (matité relative).

complètement dilater. Alors la matité du foie
s'accroît elle-même dans des proportions plus
ou moins considérables : cette exagération de la
matité cardio-hépatique est le signe anatomo-

clinique presque constant de l'*asystolie*, qu'elle soit légère ou grave, simple ou compliquée d'hydropisie.

L'augmentation transversale de la matité manque dans la plupart des cas de *rétrécissement mitral*. L'anatomie pathologique montre, en effet, que, dans cette affection, le cœur est presque toujours de dimensions réduites. Du moins en est-il ainsi tant que la lésion valvulaire ne s'accompagne pas de rétrostase auriculaire prononcée. Mais lorsque la stase se fait sentir dans la circulation pulmonaire, il se produit rapidement de la dilatation hypertrophique du ventricule droit et, par suite, un agrandissement de la matité. Aussi la présence d'une grande matité précordiale, chez une malade atteinte de rétrécissement mitral, constitue-t-elle un symptôme qui assombrit toujours le pronostic.

L'élargissement transversal de la matité cardiaque peut être constaté dans tous les cas où la stase pulmonaire, quelle qu'en soit la cause, entretient la dilatation et détermine l'hypertrophie compensatrice du ventricule droit. Aussi la retrouve t-on dans l'*emphysème pulmonaire*, quand l'ampliation des poumons ne vient pas masquer la matité du cœur. Elle s'associe à la longue, si la dilatation dépasse un certain degré, à une pulsation épigastrique large, et à un développement exagéré des dimensions hépatiques.

On retrouve encore, à titre transitoire, l'élargissement transversal du cœur, toutes les fois que cet organe, ou au moins son ventricule droit, se dilate accidentellement, sous l'influence de la fatigue ou d'une infection fébrile. Mais c'est alors une dilatation modérée et sans impulsion sterno-épigastrique.

L'association d'une insuffisance aortique et d'une insuffisance mitrale, avec dilatation et hypertrophie simultanée des deux ventricules, donne lieu naturellement à un type mixte de matité (*fig.* 7) dont l'étendue dépend, pour une

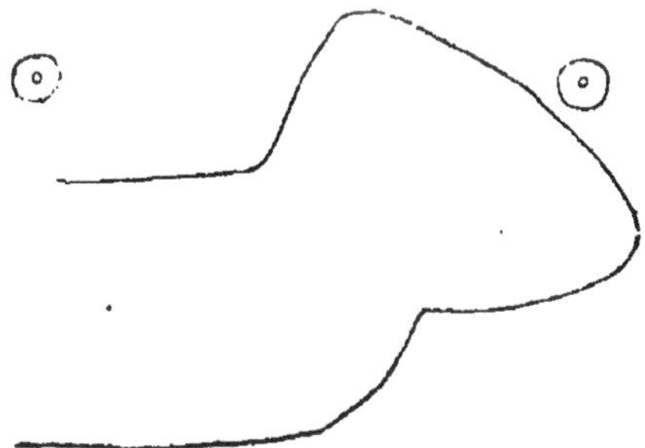

Fig. 7. — Double insuffisance aortique et mitrale suite d'endopéricardite rhumatismale. Grande matité cardiaque et hépatique.

part, de l'importance des lésions orificielles, mais surtout de leur compensation ou, au contraire, de la dilatation asystolique secondaire du ventricule droit. Dans ces affections valvulaires complexes, en l'absence même de toute complication sérieuse, la matité est d'ailleurs essentiellement variable, parce qu'il existe toujours une tendance à la facile dilatabilité du cœur.

La *fig.* 8 montre l'*énorme matité cardiaque* d'un jeune homme atteint de *symphyse péricardique totale*, à la suite de plusieurs crises graves et prolongées de rhumatisme articulaire. La symphyse était, comme toujours en pareil cas, la suite d'une péricardite aiguë : les adhérences consécutives à cette dernière s'étaient organisées pendant une période de dilatation aiguë du cœur,

Fig. 8. — Symphyse péricardique totale : énorme matité absolue invariable avec absence de réflexe cardiaque d'Abrams (comme points de repère, les mamelons et l'appendice xyphoïde).

et avaient empêché ses cavités de revenir ensuite à une capacité moindre. Puis le myocarde s'était hypertrophié pour obvier à cette distension considérable, et cette hypertrophie avait été d'autant plus marquée que les valvules du cœur gauche étaient simultanément insuffisantes, soit par séquelle d'endocardite, soit par suite de la dilatation des anneaux orificiels.

La grande matité de la symphyse péricardique traduit donc l'état de dilatation du cœur au moment où la symphyse s'est organisée. Aussi comprend-on qu'il soit souvent difficile de distinguer ces états de symphyse de certaines grandes dilatations non accompagnées d'adhérences péricardiques.

Cette difficulté ne se rencontre que dans des états chroniques. Lorsqu'on se trouve, lors d'une première crise rhumatismale, en présence d'une grande matité cardiaque, il faut se souvenir que la symphyse demande un certain temps pour s'organiser. Aussi ne peut-on hésiter en pareil cas qu'entre la myocardite rhumatismale et l'épanchement intra-péricardique, diagnostic difficile sur lequel nous reviendrons.

Il peut arriver, chez un malade devenu un cardiopathe chronique après une ou plusieurs crises rhumatismales, lorsque des lésions orificielles multiples se sont compliquées d'asystolie, que la matité cardio-hépatique se développe au point d'atteindre, d'une façon permanente, des dimensions aussi considérables que dans la symphyse. La *fig.* 9 représente le tracé de matité d'un malade atteint d'une double lésion aortique et mitrale, asystolique, avec un foie extrêmement tuméfié, un cœur dilaté dans tous les sens, l'oreillette droite débordant notablement le bord droit du sternum. En pratique, quand les accidents sont à ce degré, il n'est que bien rarement possible de déterminer la part respective des lésions orificielles et péricardiques, et l'autopsie

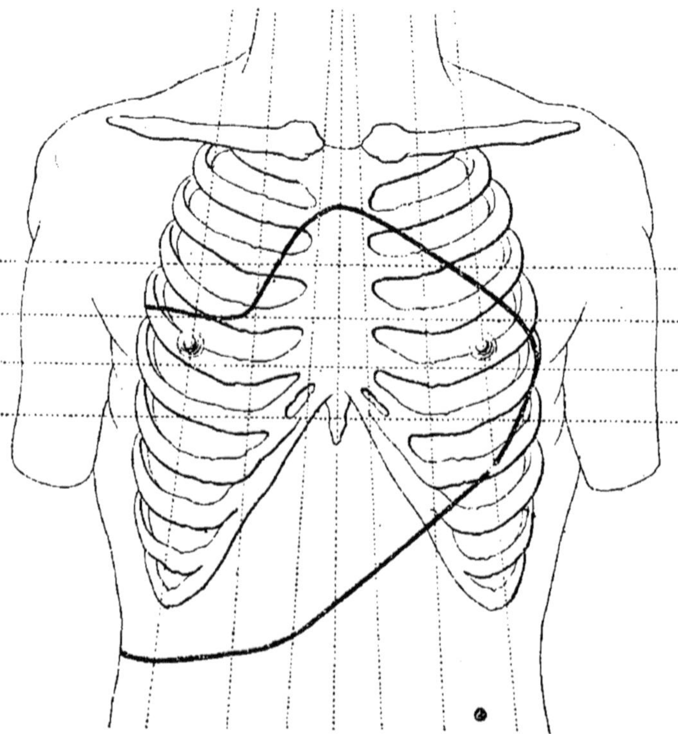

Fig. 9. — Asystolie irréductible par myocardite chronique rhumatismale avec double lésion valvulaire aortique et mitrale, sans symphyse. La matité de l'oreillette droite déborde notablement le bord droit du sternum (mativité relative).

seule devait montrer qu'il n'existait pas de symphyse chez ce malade.

La symphyse cardiaque peut exister d'ailleurs avec des dimensions cardiaques moindres, et avec un foie presque normal de volume. On

doit y penser chaque fois que l'on constate des
ondulations précordiales, la rétraction systolique et l'immobilité du choc. Ces signes n'ont
pas, nous le savons de valeur absolue,
mais on pourra les appuyer par la recherche
de certains caractères de la matité cardiaque
dont l'importance est considérable. C'est ainsi
que, dans la symphyse totale, la matité reste
invariable quelle que soit la phase respiratoire.
Il en est de même dans les décubitus latéraux.
De plus, *la matité absolue est particulièrement
augmentée*, au point que ses limites en arrivent
presque à se confondre avec celles de la matité re-
lative.Nous verrons enfin qu'en cas de symphyse,
la matité n'est pas modifiable par les excitations
mécaniques de la paroi.

L'exagération de la matité cardio-hépatique
se rencontre encore *chez les sujets affectés de
néphrite chronique dont le myocarde commence à faiblir* devant l'imperméabilité rénale.
La matité du cœur augmente alors dans tous
les sens, en proportion de la dilatation qui atteint
les deux ventricules et le foie se tuméfie secondairement. Il est essentiel de rechercher cette matité cardio-hépatique, car elle permet, dans les
cas douteux, de déterminer la part de l'insuffisance cardiaque dans les accidents dyspnéiques
et les recrudescences albuminuriques. Il arri-

vera souvent de voir disparaître ces symptômes sous l'influence d'une médication plus spécialement dirigée en vue de soulager et de tonifier le cœur.

Une grande matité cardio-hépatique peut exister chez les artérioscléreux à l'état habituel, traduisant un état d'*hyposystolie permanente* compatible avec une bonne santé apparente et qui ne peut guère être reconnue que par la percussion. Il en est de même chez certains sujets atteints d'*hypertrophie avec dilatation et sclérose (en foyers ou diffuse) des deux ventricules.* C'est un état qui survient lentement sous l'influence, soit de la bonne chair et de l'abus des boissons alcooliques, soit du surmenage physique, souvent sous l'influence combinée de ces deux ordres de causes. L'affection a été décrite sous les noms variés de *myocardite chronique hypertrophique*, de *cardiosclérose*, d'*hypertrophie idiopathique*, de *cœur de bière* quand elle survient chez les grands buveurs, de *surmenage chronique du cœur* quand elle s'observe chez des ouvriers professionnellement astreints à un travail excessif. Elle aboutit à des crises d'hyposystolie ou de dilatation du cœur, pendant lesquelles la matité cardio-hépatique devient énorme (*fig.* 10), mais dans l'intervalle desquelles elle reste encore considérable.

Ces exemples de renseignements utiles au diagnostic et fournis par la percussion du cœur, ne sont que les plus communément constatés. Il va sans dire que toutes les grandes dilatations du cœur, aiguës ou chroniques, qu'elles résultent

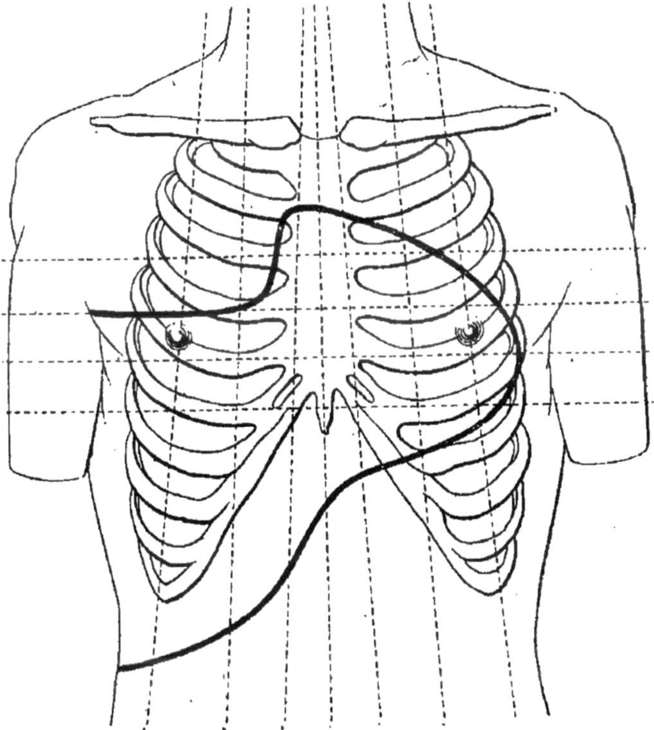

Fig. 10. — Matité relative cardio-hépatique dans un cas d'asystolie par myocardite chronique hypertrophique.

d'un surmenage accidentel, d'une intoxication, de la surcharge graisseuse, du développement d'une coronarite avec sclérose secondaire du myocarde, pourront tôt ou tard se traduire par cette même exagération de la matité cardio-hépatique, qui est le vrai signe physique de l'asystolie.

Percussion de l'aorte et de l'artère pulmonaire. — La percussion du cœur doit toujours être complétée par la percussion de l'aorte.

Normalement, la matité aortique ne déborde pas le bord droit du sternum au niveau du 2ᵉ espace intercostal. Quand la crosse de l'aorte est dilatée, ce qui arrive en particulier chez les hypertendus, sa matité envahit cet espace à une distance variable du bord sternal. *Cette dilatation peut se voir légère et passagère* dans les accès aigus d'hypertension, par exemple chez les femmes éclamptiques et chez certains saturnins (Vaquez). Hürthle a montré expérimentalement qu'à chaque centimètre d'accroissement de la pression artérielle, correspondait une augmentation de 2 centimètres cubes de la capacité aortique.

Chez les hypertendus permanents, et chez la plupart des artérioscléreux, même lorsque leur tension est retombée au voisinage ou au-dessous de la normale, l'aorte se montre *dilatée d'une manière permanente*, quelquefois dans des proportions considérables (*fig.* 11). C'est alors que son contour arrondi lui donne la forme du cimier d'un casque (Potain). Il existe de plus, ordinairement, une élévation de la crosse que l'on sent battre derrière le sternum, et une élévation simultanée des sous-clavières surtout marquée du côté droit.

Quand l'aorte est le siège d'un *anévrysme*, cette même matité peut exister, mais le plus souvent sans continuité avec la matité cardia-

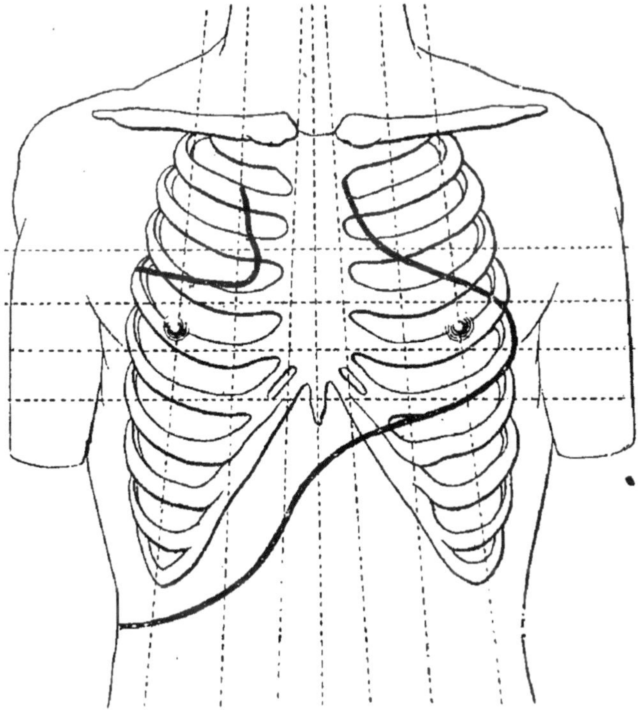

Fig. 11. — Myocardite chronique et dilatation de l'aorte.

que. L'on constate d'ailleurs les autres signes de la dilatation anévrysmale, notamment la tumeur pulsatile, ou un foyer de battements distinct des pulsations cardiaques. Dans certaines *dilatations de l'artère pulmonaire*, coexistant le plus souvent avec une sténose de l'orifice, on note, en même temps qu'un soulèvement visible et perceptible à la palpation, une augmentation de la matité transversale des gros vaisseaux, qui s'étend vers la gauche dans le 1er et le 2e espace, sur une largeur de deux à trois centimètres.

Percussion de l'oreillette gauche dans le dos. — La percussion de la région précordiale ne permet pas d'apprécier l'état de *l'oreillette gauche* qui n'est accessible que par la *face postérieure du thorax.*

Cette cavité est, en effet, située dans le médiastin postérieur, à la hauteur des 6e, 7e et 8e vertèbres dorsales, dans l'espace compris transversalement entre le rachis et le bord interne de l'omoplate gauche, verticalement entre deux lignes horizontales passant par l'épine de l'omoplate et par l'angle inférieur de cet os. C'est à ce niveau qu'il faut percuter pour en déterminer les changements de volume, d'après les règles formulées par Germe (d'Arras). A l'état normal, sa présence se traduit par une zone de submatité ovalaire dont le diamètre horizontal maximum est de 3 centimètres, le diamètre vertical de 78 millimètres.

Cette submatité **augmente** dans certains cas de *sténose mitrale.* Sa limite inférieure peut alors atteindre la 9ᵉ ou la 10ᵉ vertèbre dorsale, le diamètre vertical mesurant jusqu'à 114 millimètres et la largeur jusqu'à 64 millimètres.

Cette augmentation des dimensions de l'oreillette gauche est en rapport avec un certain degré de dilatation de cette cavité : elle manque lorsque la sténose mitrale est bien tolérée ; elle apparaît, encore légère, dans les cas de sténose serrée, mais compensée par un certain degré d'hypertrophie des parois auriculaires ; elle devient considérable dans les stades avancés de la maladie, et coïncide alors, comme l'a montré Vaquez, avec une douleur siégeant dans la même région, quelquefois provoquée par la percussion dorsale, mais souvent aussi accusée spontanément par le malade.

La dilatation et la douleur auriculaires peuvent disparaître lorsque l'état de la malade s'améliore, et reparaître lorsqu'il s'aggrave à nouveau. Ce sont là des symptômes d'une réelle valeur lorsque les signes physiques habituels de rétrécissement mitral ne sont pas absolument nets. Il est cependant une cause d'erreur à laquelle on devra toujours songer et qui peut être due à la présence de masses ganglionnaires trachéo-bronchiques. L'augmentation des dimensions de l'oreillette gauche présente également une certaine importance pronostique, car elle indique que le rétrécissement est serré, et que le myocarde commence à être inférieur à sa tâche.

Variations pathologiques de la matité du cœur d'origine extra-cardiaque et péricardique. — La matité du cœur est parfois modifiée par les affections des organes voisins qui changent ses rapports dans le thorax.

C'est ainsi que les *épanchements abondants de la plèvre gauche* refoulent la matité cardiaque en arrière et à droite du sternum. Les *tumeurs du médiastin* ou les *déformations de la colonne vertébrale* repoussent le cœur contre la paroi et exagèrent sa matité ; il en est de même des grandes tumeurs abdominales.

Les *scléroses avec rétraction du poumon gauche* augmentent l'étendue de la portion découverte du cœur et, par suite, sa matité absolue, tandis que l'*emphysème pulmonaire* la diminue ou la supprime.

Mais il est une affection qui, plus que toute autre, modifie la matité du cœur en l'augmentant dans des proportions souvent considérables : c'est la péricardite avec épanchement.

Les premiers indices de l'épanchement s'observent dans la partie inféro-externe du sac péricardique, en dehors de la pointe dont la matité paraît s'élargir.

Quand l'épanchement s'accroît, il distend la cavité péricardique, écarte les poumons et se révèle par une grande matité précordiale (ab-

solue dans toute son étendue avec disparition de
la zone de matité relative), dépassant dans tous
les sens la matité normale, et pouvant occuper
toute la région comprise transversalement entre
la ligne axillaire gauche et la ligne mamelonnaire droite, verticalement entre la 2ᵉ et la 8ᵉ
côte. La configuration de la matité est alors celle
d'un triangle à base inférieure, à sommet
mousse ou arrondi dirigé vers la fourchette sternale. Mais c'est un triangle irrégulier, qui présente, vers le tiers supérieur de son bord gauche,
une encoche signalée par Sibson, laquelle donne
à l'ensemble de la matité la forme d'une brioche
(Potain). Cette configuration et cette étendue
(*fig.* 12) permettent de penser que le péricarde
contient au moins 420 à 460 grammes de liquide (Sibson). L'encoche de Sibson n'est cependant pas pathognomonique de l'épanchement péricardique [1]. Le fait seul que cette
grande matité a apparu en quelques jours suffit
déjà pour permettre d'écarter la symphyse. Le
diagnostic est plus délicat avec la dilatation
aiguë du cœur. On pensera à l'épanchement
péricardique toutes les fois que l'encoche de
Sibson coïncidera avec une *matité absolue dans*

---

[1] Cassaët a observé, dans trois cas de dilatation
cardiaque sans épanchement, une matité avec encoche
de Sibson, due à la présence d'une languette pulmonaire insinuée en avant du cœur.

toute son étendue, et variant peu du jour au lendemain.

Si nous prenons par contre un malade atteint de myocardite rhumatismale aiguë, nous voyons

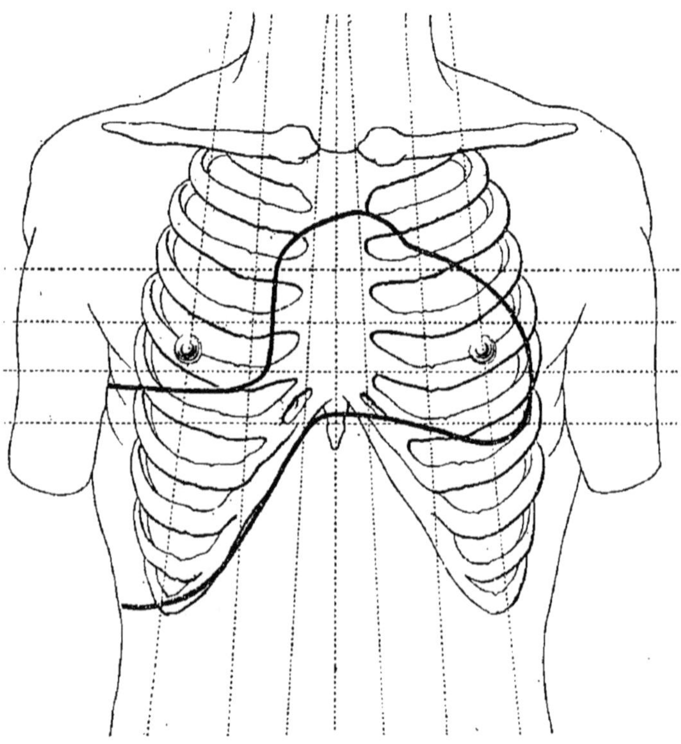

Fig. 12. — Matité précordiale dans la péricardite avec grand épanchement. Présence de l'encoche de Sibson au tiers supérieur du bord gauche.

qu'une zone de matité relative a persisté à côté de la matité absolue, que l'une et l'autre sont variables d'un jour à l'autre et même dans une seule journée (Heitler, Rénon), enfin que le foie est simultanément augmenté de volume, en proportion de la dilatation du cœur droit. Dans la myocardite aiguë, le choc de la pointe est le plus souvent abaissé et dévié vers l'aisselle, alors que, dans l'épanchement, le choc du cœur est refoulé en dedans, au moins dans les cas exceptionnels où on peut encore le percevoir.

Le « réflexe cardiaque » et la réduction provoquée de la matité du cœur. — Nous avons déjà signalé, au cours de ce chapitre, la variabilité de la matité du cœur due à sa dilatabilité et à sa réductibilité.

Quand on excite mécaniquement la région précordiale par un tapotage léger fait avec le bord cubital de la main, ou même par une percussion un peu forte et prolongée, on observe, au bout de quelques instants, une réduction d'un quart environ des matités relative et absolue du cœur. La réduction de la matité absolue prédomine à cause d'un certain degré de dilatation des bords pulmonaires, mais ce phénomène secondaire disparaît au bout d'une ou deux minutes, en laissant substituer seulement la diminution du volume propre du cœur (*fig.* 13). Celle-ci disparaîtra à son tour dans la durée d'une dizaine de minutes, chez le sujet normal.

Le phénomène est plus facile à saisir chez les enfants et les personnes maigres ; il est favorisé par l'excitabilité nerveuse variable suivant les individus et les moments ; il s'épuise transitoirement par des excitations répétées. Lorsqu'il s'agit d'un cœur pathologiquement dilaté, en hyposystolie ou asystolie, la réduction de la matité cardiaque peut alors persister pendant plusieurs heures.

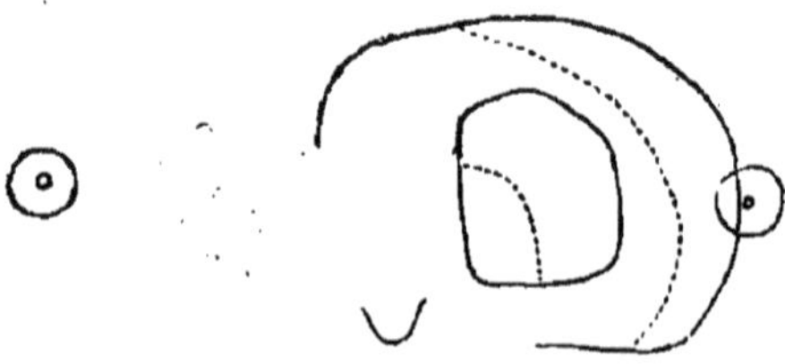

Fig. 13. — Réflexe cardiaque chez un sujet normal : réduction des matités relative et absolue (les lignes pleines représentent les contours des deux zones de matité avant l'excitation précordiale ; les lignes en pointillé montrent la réduction obtenue).

Abrams a donné à cette réduction provoquée le nom de *réflexe cardiaque*. On l'obtient également par l'emploi des divers agents de la thérapeutique physique, gymnastique suédoise, bains carbogazeux, etc.

Ce phénomène coïncide presque toujours avec le ralentissement du pouls, et avec tendance à la régularisation de la pression. Il peut être expliqué par une excitation réflexe qui, partie des nerfs sensibles de la région précordiale, retentit sur les centres bulbaires pour en modifier le fonctionnement.

L'étude du réflexe cardiaque peut être poursuivie dans un grand nombre de maladies de cœur. Comme nous l'avons dit plus haut, il existe avec une grande netteté dans beaucoup de cas d'hyposystolie et d'asystolie (*fig.* 14), et son absence constituera une indication utile pour le diagnostic et pour le pronostic.

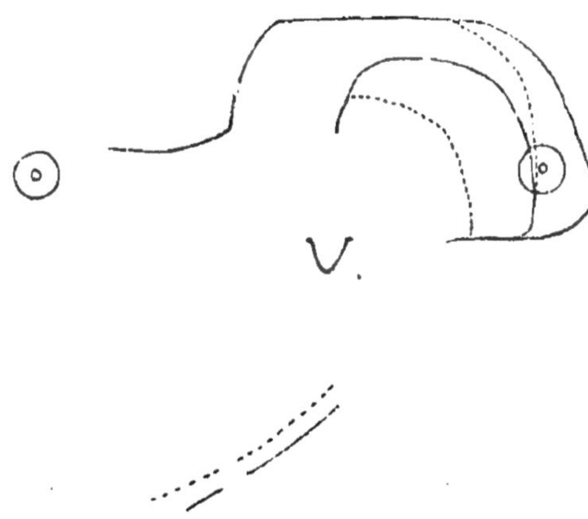

Fig. 14. — Réflexe cardiaque chez un artérioscléreux hyposystolique (réduction des matités relative et absolue du cœur et du volume du foie).

Cette absence peut être *transitoire*, et alors de courte durée, dans les grandes dilatations cardiaques qui sont associées à une sorte d'inhibition du myocarde, laquelle le rend momentanément inapte à subir l'influence des médicaments cardiaque. Le repos, et un commencement de déplétion provoquée par une émission sanguine ou une purgation, favorisent la réapparition du réflexe cardiaque.

Son *absence permanente* a une tout autre signification. Elle est absolue dans la *péricardite avec épanchement,* puisque la matité du cœur est masquée ou remplacée par celle de la collection liquide. Abrams considère avec raison celle absence comme un des meilleurs signes du diagnostic différentiel entre l'épanchement péricardique et la dilatation du cœur. Toutefois nous avons constaté cette même absence permanente dans l'*asystolie irréductible* due à la sclérose diffuse du myocarde d'origine coronarienne.

Nous l'avons constatée de même dans la *symphyse péricardique,* ou du moins dans la forme de symphyse la plus importante à reconnaître en clinique, c'est-à-dire dans la *symphyse compliquée de médiastinite.* Il faut faire, en effet, une différence capitale entre les cas où existent simplement des adhérences des deux feuillets du péricarde (cas dans lesquels le fonctionnement du cœur est relativement peu gêné), et ceux au contraire où des adhérences inextensibles rattachent le cœur à la trachée et à l'œsophage en arrière, à la face profonde des côtes et du sternum en avant. La réduction provoquée de la matité peut avoir persisté dans le premier cas, mais elle manque toujours lorsque les adhérences se sont étendues au médiastin et au gril costal.

L'abolition du réflexe cardiaque, l'*immobi-*

lisation de la pointe, l'absence d'expansion ins- piratoire du sternum, enfin *l'agrandissement anormal de la matité absolue* (*fig.* 8), consti- tuent un ensemble symptomatique qui permet d'affirmer, avec certitude, la symphyse cardiaque avec médiastinite et adhérences costo-sternales. Il n'est guère besoin d'insister, en pareil cas, sur la gravité du pronostic, gravité qui n'existe pas du fait d'adhérences limitées aux deux feuillets du péricarde.

DEUXIÈME PARTIE

AUSCULTATION

CHAPITRE PREMIER

BRUITS NORMAUX DU CŒUR

Pour pratiquer l'auscultation du cœur, il importe que le malade soit dans le calme le plus
complet, étendu sur un lit ou sur une chaise
longue, et qu'il respire doucement en faisant de
temps en temps de courtes pauses. Il ne faut pas
lui demander de suspendre complètement la
respiration, car, de ce fait, pourraient se produire
des modifications des bruits susceptibles de con-
duire quelquefois à des erreurs de diagnostic.

Il est utile, dans beaucoup de cas, d'ausculter le
malade alternativement assis ou debout, parfois
sous l'influence d'un exercice physique rapide,
ou en lui faisant interrompre transitoirement
les mouvements et le murmure respiratoire.

La région précordiale est examinée à nu ou

recouverte seulement d'un linge souple. Le médecin se place à gauche du malade, et il explore le pouls radial en même temps qu'il ausculte le cœur. Le pouls étant à peu près synchrone de la contraction ou systole ventriculaire, il est aisé de reconnaître, par son intermédiaire, le moment de la révolution cardiaque auquel correspondent les bruits. On pratique successivement l'auscultation immédiate et l'auscultation médiate à l'aide du stéthoscope, cette dernière méthode indispensable pour la localisation de certains bruits.

Bruits normaux du cœur. — Quand on applique l'oreille sur la région du cœur, on perçoit à chaque révolution cardiaque une sorte de *tic-tac* constitué par deux bruits qui se succèdent à court intervalle.

Le *premier bruit* est sourd, grave, légèrement prolongé (8 à 10 centièmes de seconde d'après Einthoven). Il s'entend sur toute la surface du cœur, mais présente son maximum d'intensité vers la pointe du cœur, c'est-à-dire dans le 5ᵉ espace gauche, un peu en dedans du mamelon. Il coïncide avec le choc de la pointe.

Le *deuxième bruit* est plus bref, plus clair et plus éclatant. Il rappelle, suivant la comparaison de Laënnec, le bruit d'un chien qui lape. Il a son maximum d'intensité au niveau du 3ᵉ espace intercostal et près du bord gauche du sternum.

Le premier bruit est séparé du second par un très court intervalle ou *petit silence ;* après le second bruit vient un intervalle plus long ou *grand silence ;* puis revient le premier bruit et ainsi de suite. Chaque paire de bruits correspond à une contraction du cœur et à chaque contraction correspond une pulsation artérielle.

Pour interpréter ces bruits, il importe de se rappeler ce que nous avons dit du mode de contraction du cœur.

Le premier bruit du cœur coïncide avec la systole ventriculaire et l'occlusion des valvules auriculo-ventriculaires. Pendant le petit silence, la contraction ventriculaire se continue pour lancer le sang dans les artères, à travers les valvules semi-lunaires de l'aorte et de l'artère pulmonaire ouvertes pour lui livrer passage. Dès que la systole ventriculaire est terminée, ces valvules s'abaissent et se tendent sous le choc en retour du sang contenu dans les artères. *Le second bruit du cœur coïncide avec la fermeture des valvules semi-lunaires*, et marque le début de la diastole ventriculaire. Le grand silence correspond exactement à la diastole ventriculaire, et se prolonge jusqu'à la nouvelle systole.

Ces mouvements et ces bruits s'accomplissent, à l'état normal, suivant une sorte de mesure à trois temps dans laquelle le premier bruit occupe un peu moins d'un tiers, le petit silence et le second bruit chacun un **sixième,** et le grand silence un peu plus d'un tiers (Barth et Roger).

Causes des bruits du cœur. — Le mécanisme physique des bruits du cœur a donné naissance à un très grand nombre de théories dont on trouvera l'exposé dans les traités de physiologie. En ce qui concerne le premier bruit, sa coïncidence avec la systole ventriculaire et l'occlusion des valvules auriculo-ventriculaires conduit à penser qu'il a une double origine, musculaire et valvulaire. C'est surtout un bruit valvulaire, dû aux vibrations produites par la tension subite des valvules auriculaires au moment de la systole. Pour une part moindre, c'est un bruit de contraction ventriculaire, car il persiste, bien qu'affaibli, après destruction des valves auriculo-ventriculaires ou lorsqu'on en empêche artificiellement l'occlusion. Le bruit musculaire, plus sourd et plus prolongé, coïncide avec le soulèvement perçu à la palpation de la pointe. Le bruit valvulaire, plus aigu et plus court, le renforce finalement en déterminant au doigt l'ébranlement instantané que nous avons constaté en analysant le choc de la pointe.

Le mécanisme du deuxième bruit est plus simple. Il est dû à la tension brusque des valvules sigmoïdes qui s'abaissent sous l'influence du choc en retour des colonnes sanguines de l'aorte et de l'artère pulmonaire.

Quant à la contraction de l'oreillette, dans les conditions normales, elle ne se manifeste par aucun bruit perceptible à l'auscultation.

Foyers de production et d'auscultation des bruits du cœur. — Il est nécessaire, pour les besoins de la clinique, de déterminer en se servant du stéthoscope le siège et l'origine de ces bruits, par la recherche du point où ils présentent leur maximum d'intensité Pour pratiquer cette recherche, il faut savoir quels sont, à l'état normal, les foyers de production et les foyers d'auscultation des bruits du cœur.

Le mécanisme des bruits permet immédiatement de conclure qu'ils sont au nombre de quatre et non de deux. Le premier bruit étant dû à la tension des valvules auriculo-ventriculaires, la valvule mitrale et la valvule tricuspide produisent toutes deux un bruit. A l'aide du stéthoscope, on peut arriver à distinguer le premier bruit du cœur gauche ou bruit mitral, et le premier bruit du cœur droit ou bruit tricuspidien, distinction nécessaire pour la localisation de certains bruits morbides. De même, pour le deuxième bruit, il y a lieu d'examiner séparément le bruit produit par les valvules sigmoïdes de l'orifice aortique et celles de l'orifice pulmonaire.

A ces quatre bruits fondamentaux, s'ajoutent les bruits transmis. C'est ainsi qu'en auscultant la pointe du cœur, on entend non seulement le premier bruit, mais aussi le deuxième, propagé des orifices artériels jusque dans les ventricules. De même à la base, le bruit diastolique ou deuxième bruit est précédé d'un premier bruit qui n'est autre que celui des valvules auriculo-ventriculaires, renforcé par la tension et la vibration que subissent les parois de l'aorte et de l'artère pulmonaire quand la systole ventriculaire y lance l'ondée sanguine.

La distinction des divers bruits du cœur serait difficile si leurs foyers de production concordaient avec leurs foyers d'auscultation. Les valvules et les orifices du cœur sont, en effet, situés très près les uns des autres, presque sur le même plan ; et néanmoins les bruits qui s'y produisent s'entendent en des points, ou *foyers d'auscultation* très éloignés les uns des autres :

Orifice mitral.	Pointe du cœur.
Orifice tricuspide.	Extrémité inférieure du sternum.
Orifice aortique.	Extrémité interne du 2e espace intercostal droit.
Orifice pulmonaire.	Extrémité interne du 2e espace intercostal gauche.

Seuls, comme nous le voyons, les bruits de l'orifice tricuspide et ceux de l'orifice de l'artère pulmonaire s'entendent au niveau de leur foyer d'origine :

L'*orifice tricuspide* et sa *valvule*, obliquement dirigés de droite à gauche et de bas en haut, correspondent à une ligne qui s'étendrait de l'extrémité sternale du 5e cartilage droit à l'extrémité sternale du 3e espace intercostal gauche. Le foyer des bruits tricuspidiens se trouve sur le sternum à la hauteur du 5e cartilage costal, à l'endroit où le poumon laisse à découvert une petite portion du ventricule droit.

L'*orifice de l'artère pulmonaire* répond à l'extrémité interne du 2e espace gauche, parfois à l'extrémité sternale du 3e cartilage costal ; c'est aussi le foyer d'auscultation des bruits pulmonaires, lesquels se propagent à gauche et en haut dans la direction de l'artère.

Les bruits de l'orifice mitral et de l'orifice aortique s'entendent, au contraire, à une certaine distance de leurs foyers d'origine :

L'*orifice mitral* répond à l'extrémité sternale du 2e espace gauche, et le bord libre de sa valvule descend plus ou moins profondément dans le 3e espace. Cependant les bruits mitraux présentent leur maximum d'intensité au niveau du choc de la pointe, c'est-à-dire dans le 5e espace. Cela tient à l'épaisse lame pulmonaire qui sépare de la paroi thoracique l'orifice et la valvule : les bruits qui s'y produisent, faiblement transmis sur place, se propagent par l'intermédiaire du ventricule gauche jusqu'à l'endroit où celui-ci est immédiatement en contact avec la paroi thoracique, c'est-à-dire près de la pointe. Dans les cas exceptionnels où le poumon gauche ne recouvre pas le ventricule gauche et s'écarte déjà du sternum dès la 3ᵉ côte, les bruits de la valvule mitrale s'entendent dans le 3ᵉ espace.

L'orifice aortique est situé immédiatement derrière l'orifice de l'artère pulmonaire, à l'extrémité interne du 2ᵉ espace gauche : aussi les bruits aortiques ne peuvent-ils être distingués des bruits pulmonaires à cet endroit. Mais les deux gros vaisseaux divergent peu après leur origine, l'artère pulmonaire se dirigeant à gauche, l'aorte à droite pour côtoyer le bord du sternum au niveau du 2ᵉ espace droit. C'est là que se place le foyer d'auscultation des bruits aortiques, d'autant mieux perceptibles que les parois de l'artère constituent un milieu très favorable pour leur transmission.

Ces quelques notions, nécessaires pour l'interprétation des bruits du cœur normal, sont également indispensables pour la connaissance de leurs altérations pathologiques. Ces dernières peuvent porter sur l'*intensité* ou sur le *timbre*. Plus souvent encore, les bruits normaux sont *dédoublés*, ou remplacés par des *bruits anormaux* (bruits de souffle) ou (bruits de frottement).

CHAPITRE II

—

MODIFICATIONS
DANS L'INTENSITÉ ET LE TIMBRE
DES BRUITS DU CŒUR.

L'intensité et le timbre des bruits du cœur dépendent de plusieurs conditions, dont les principales sont l'énergie des contractions cardiaques, les variations de la pression sanguine, l'état anatomique des valvules. Les modifications de l'intensité et du timbre ont une signication différente suivant qu'elles portent sur un seul ou sur les deux bruits du cœur.

Modifications dans l'intensité des deux bruits du cœur. — *L'intensité des deux bruits du cœur est affaiblie dans l'asthénie cardiaque,* que celle-ci résulte de la dégénérescence du myocarde à la phase ultime de l'asystolie ou de l'atteinte portée à son fonctionnement dans les états infectieux graves. Cet affaiblissement porte surtout sur le premier bruit; il peut être assez prononcé chez certains typhiques pour que ce bruit ne s'entende presque plus à la pointe et qu'il disparaisse complètement à la base. La constatation de ce signe peut faire craindre la mort subite au cours de la fièvre typhoïde, quand il coïncide avec une accélération cardiaque dépassant 110.

Il ne faut pas oublier que la faible intensité des bruits du cœur peut être due à leur éloignement : ainsi en est-il *dans les épanchements péricardiques.*

On peut rencontrer encore l'affaiblissement habituel des bruits dans les conditions que nous avons vues produire l'affaiblissement du choc cardiaque, c'est-à-dire *chez les emphysémateux* et *chez les obèses* avec ou sans surcharge graisseuse du myocarde.

L'intensité des bruits du cœur est augmentée toutes les fois que l'activité cardiaque est elle-même accrue. Les émotions, les exercices physiques violents, les palpitations, la fièvre sont les causes les plus ordinaires de cette augmentation.

Au lieu d'être réelle, l'augmentation n'est qu'apparente dans certains cas où la transmission des bruits à l'oreille est rendue plus facile, soit par le peu d'épaisseur de la paroi thoracique (enfants et sujets maigres), soit par l'induration tuberculeuse des parties du poumon interposées, devenues meilleures conductrices du son.

Modifications dans l'intensité et le timbre du premier bruit du cœur. — Les modifications isolées présentent un intérêt sémiologique plus considérable et sont susceptibles, selon qu'elles portent sur le premier ou sur le second bruit, d'interprétations diagnostiques assez précises.

L'augmentation de l'intensité du premier bruit à la pointe a été signalée dans le *rétrécissement mitral* par Traube. Duroziez a bien décrit ce phénomène : « Dans le rétrécissement mitral pur, le premier claquement prend un éclat extraordinaire. Nous avons pu l'entendre à un décimètre de la poitrine. Il a une grande autorité dans le diagnostic : il nous suffit de l'entendre pour prévoir que nous allons percevoir les autres bruits ». Il est, en effet, des cas où le premier bruit peut être perçu, l'oreille restant distante de quelques centimètres de la paroi thoracique. Lorsque ce signe est permanent, il permet à lui seul de faire, avec certitude, le diagnostic de sténose mitrale. Nous avons vu l'importance attachée par Bard à la dureté du choc, laquelle n'est que la traduction tactile de l'augmentation d'intensité du premier bruit.

Le premier bruit du cœur est affaibli quelquefois dans l'insuffisance aortique. Mais la *diminution d'intensité du premier bruit* s'observe surtout dans l'*endocardite aiguë*, associée avec

un timbre spécial bien décrit par Bouillaud :
« J'ai vu, dit-il, ce bruit à *timbre enroué* ou
étouffé s'élever jusqu'au bruit de soufflet et j'ai
vu celui-ci descendre par une sorte de dégrada-
tion au bruit étouffé, âpre, enroué » ; dans ce cas,
« les valvules étaient plutôt fongueuses, bour-
souflées, que véritablement hypertrophiées, et
molles, flasques, au lieu d'être fermes, résistantes,
compactes ». Potain attachait une grande importance à ce signe dans l'endocardite mitrale
d'origine rhumatismale ; il l'attribuait au gon-
flement inflammatoire de la valvule, d'où résulte qu'au moment de la tension le contact des
bords libres se fait avec moins de netteté, puis-
qu'il y a pour ainsi dire un bourrelet interposé et qui *étouffe le bruit*. Celui-ci devient de
plus en plus sourd, comparable au bruit d'un
tambour recouvert d'un crêpe. Quand l'endocardite guérit, le bruit redevient plus clair ;
quelquefois il reprendra son timbre normal,
il est remplacé par un souffle systolique de la
pointe quand la lésion aboutit à une insuffisance
de l'orifice mitral.

Lorsque l'insuffisance mitrale est considérable, liée au moins pour une part à la grande
dilatation du ventricule, *le premier bruit peut
être complètement absent* sans être remplacé
par un souffle. On peut voir alors le souffle reparaître sous l'influence de la médication cardio-

tonique en même temps que l'état fonctionnel du malade s'améliore.

Modifications dans l'intensité et le timbre du deuxième bruit. — Le deuxième bruit est rarement affaibli à lui seul ; il est, par contre, très fréquent en clinique de le trouver exagéré, alors que le premier bruit a gardé son intensité normale. L'exagération du claquement sigmoïdien indique une augmentation de la pression du sang dans le vaisseau correspondant. L'hypertension peut exister, en effet, dans l'artère pulmonaire ou dans l'aorte, se manifestant par le renforcement du deuxième bruit au foyer pulmonaire ou au foyer aortique.

L'exagération du deuxième bruit pulmonaire est caractérisée par la prédominance de son intensité sur celle du deuxième bruit aortique normalement plus éclatant. On l'observe dans les affections mitrales, surtout dans le rétrécissement, en raison de la rétrostase auriculaire et de l'hypertension qui en résulte dans la petite circulation ; elle atteint son maximum quand cette tension est devenue excessive et que le ventricule droit va céder ; elle disparaît quand celui-ci est forcé, et, dans les cas favorables, reparaît sous l'influence de la digitale.

L'accentuation du deuxième bruit pulmonaire peut se voir encore chaque fois que la circulation est gênée dans le poumon par des lésions anatomiques de cet organe. Norris l'a notée chez un tiers des tuberculeux pulmonaires chroniques.

Josserand (de Lyon) a signalé, *chez les rhumatisants articulaires aigus*, un *éclat clangoreux du deuxième bruit pulmonaire*, qui précède d'un ou de quelques jours l'apparition des signes classiques d'endopéricardite. C'est un signe de réelle valeur qui nous a plusieurs fois permis de prévoir cette grave localisation.

L'exagération du deuxième bruit aortique est un signe d'hypertension artérielle (Traube). A l'état permanent, il appartient à la symptomatologie physique de la néphrite interstitielle chronique et de l'artériosclérose dont il est un signe précoce (Huchard).

Mais elle se rencontre aussi transitoirement dans les accès aigus d'hypertension, en particulier chez les saturnins et les tabétiques (Pal), chez les éclamptiques (Vaquez). En pareil cas, l'augmentation du second bruit aortique s'accompagne toujours d'un certain agrandissement de la matité aortique (Vaquez).

Ces phénomènes s'effacent ultérieurement lorsque la pression artérielle retombe au niveau normal. Mais lorsque les accès d'hypertension se sont fréquemment répétés, on peut trouver *l'exagération du second bruit persistante alors que la tension se présente comme normale au sphygmomanomètre.* L'exagération du second bruit doit être alors considérée comme caractéristique d'une altération athéromateuse des valvules. L'intensité du bruit n'est pas seule modifiée, mais aussi son timbre qui est devenu métallique, clangoreux, tympanique.

Bucquoy et Marfan ont distingué : 1° les cas où le timbre clangoreux des bruits aortiques existe seul, indiquant un état athéromateux des valvules sigmoïdes de l'aorte, rigides et incrustées de sels calcaires ; 2° ceux où il coïncide avec un souffle diastolique d'insuffisance aortique, témoignant l'origine athéromateuse de cette lésion ; 3° ceux enfin où l'éclat aortique s'étend en dehors de l'aire habituelle, jusque vers l'extrémité externe de la clavicule et dans la région axillaire droite : cette diffusion doit faire penser que l'athérome est accompagné de dilatation de l'aorte.

Friedmann a signalé le renforcement du second bruit aortique au niveau de la 7ᵉ vertèbre dorsale près de l'omoplate gauche. Il en faisait un signe d'artériosclérose généralisée, mais ce semble être plutôt un signe d'athérome de l'aorte thoracique.

CHAPITRE III

—

MULTIPLICITÉ DES BRUITS DU COEUR

On peut, au lieu de deux bruits, en entendre
trois et même parfois quatre à chaque révolution
cardiaque, sous des influences diverses :

Il peut s'agir du *renforcement anormal de
vibrations ordinairement aphones*, comme celles
qui résultent de la contraction des oreillettes.

Il peut y avoir répétition d'un bruit normal
après sa production (*redoublement*) ; ou encore
dédoublement des bruits normalement synchrones des deux cœurs. C'est ainsi que Bard a
signalé un cas intéressant de dédoublement du
premier bruit du cœur, chez une malade atteinte de rétrécissement pulmonaire : le claquement de la valvule tricuspide retardait sur celui
de la valvule mitrale de $\frac{4}{100}$ de seconde, par
suite de l'asthénie du myocarde ventriculaire
droit.

Enfin, dans quelques cas, un bruit normal peut
se trouver *dissocié :* ainsi en est-il parfois du

premier bruit qui, comme nous savons, est un bruit complexe, le synchronisme de ses éléments musculaire et valvulaire se trouvant momentanément détruit.

Tous les cas de multiplicité des bruits du cœur semblent prévus dans cette classification que nous empruntons à Bard, mais le diagnostic de la variété exacte reste bien souvent encore impossible à l'heure actuelle. Les progrès de la méthode graphique permettent cependant d'espérer qu'on y parviendra à l'avenir dans le plus grand nombre des cas.

Il existe cependant deux de ces rythmes à trois temps sur lesquels l'accord est dès maintenant établi, au moins quant à leur signification clinique : à savoir le dédoublement du deuxième bruit ou bruit de rappel, et le bruit de galop.

BRUIT DE RAPPEL.
(DÉDOUBLEMENT DU DEUXIÈME BRUIT)

« Ce rythme, que je compare au rythme si connu du battement de tambour désigné sous le nom de rappel, imite encore assez bien le rythme du bruit d'un marteau qui, après avoir frappé le fer, tombe sur l'enclume, rebondit et retombe immobile » (Bouillaud). Le dédoublement du deuxième bruit s'entend à la base : il résulte des claquements successifs des valvules aortiques et pulmonaires dont la chute est synchrone dans les conditions normales. Il peut être transitoire ou permanent.

Le *dédoublement transitoire* ne se rattache à aucune lésion du cœur, d'où le nom de dédoublement physiologique qui lui a été donné par Potain ; il est dû aux changements de pression que les mouvements respiratoires produisent dans les gros vaisseaux de la base, et s'entend à la fin de l'inspiration et au début de l'expiration.

Assez souvent constaté au début de l'examen chez les sujets impressionnables, il est sans valeur quand il cesse au cours de ce même examen. On constate un dédoublement inconstant du second bruit chez beaucoup de tuberculeux, particulièrement net aux périodes de congestion des sommets (Norris). Le dédoublement est, en pareil cas, *à précession pulmonaire*, la chute des valvules pulmonaires se produisant avant celle des valvules aortiques, par suite de l'excès de pression dans le territoire de la petite circulation.

Cuffer et Bonneau ont signalé l'existence d'un dédoublement transitoire du second bruit *à précession aortique*, qui peut survenir à l'occasion des poussées d'hypertension artérielle.

Le *dédoublement permanent* est un signe de *rétrécissement mitral*, quoiqu'on puisse l'entendre beaucoup plus rarement, il est vrai, dans la symphyse cardiaque (Potain) et dans les larges insuffisances mitrales par dilatation.

Le bruit de rappel du rétrécissement mitral est généralement attribué à l'excès de tension produit dans la petite circulation par la rétro-stase auriculaire, d'où l'abaissement anticipé des sigmoïdes pulmonaires. Potain, se basant sur la précession, tantôt du bruit sigmoïdien pulmonaire, tantôt, au contraire, du bruit aortique, considérait que le mécanisme du dédoublement n'était pas toujours le même. L'aspiration ventriculaire non immédiatement satisfaite, en raison du difficile passage du sang de l'oreillette dans le ventricule, produirait, dans les premières phases de la décompensation, la chute anticipée des sigmoïdes aortiques. Plus tard, l'excès de tension dans la petite circulation compense cette première influence, hâtant de son côté la fermeture des sigmoïdes pulmonaires, si bien que le synchronisme se rétablit; il subsiste seulement alors de l'accentuation du deuxième bruit. Lorsque la gêne de la petite circulation augmente encore, ce sont les sigmoïdes pulmonaires qui anticipent sur les sigmoïdes aortiques, et l'on constate la précession pulmonaire (¹).

(¹) Cette théorie n'est pas universellement adoptée. Leyden a cherché à expliquer le dédoublement du second bruit par un asynchronisme des contractions des

Le bruit du rappel constitue un des signes les plus constants du rétrécissement mitral. D'Astros considère que le dédoublement du second bruit est le premier signe qui apparaisse chez l'enfant atteint de sténose mitrale. Chez l'adulte, il pourrait presque à lui seul permettre de faire le diagnostic, quand il est tout à fait constant, seulement perceptible à la base, et qu'il n'existe pas simultanément de signes de grande insuffisance mitrale par dilatation, non plus que de symphyse cardiaque.

Il importe de distinguer du véritable dédoublement une autre altération du rythme, décrite par Sansom dans le rétrécissement mitral pur. On peut entendre, tout à fait au début de la diastole, un bruit de claquement, dit *claquement d'ouverture de la mitrale*, et qui serait dû, selon Potain, à la tension subite des deux

---

deux ventricules. D'après Gallavardin, le bruit surajouté qui suit immédiatement le claquement sigmoïdien serait produit par un claquement surajouté des deux valves de la mitrale. L'ébranlement causé par la chute des sigmoïdes, provoque en effet, même dans les conditions normales, une oscillation de la grande valve. Dans le rétrécissement mitral, cette dernière vient à ce moment choquer la valve opposée, maintenue proche d'elle par des brides fibreuses Cette dernière théorie s'accorde avec le fait, noté par Tripier et Devic, que le dédoublement du second bruit est souvent maximum au niveau du 3e espace.

valves bridées par des adhérences, au moment
où le sang passe de l'oreillette dans le ventricule. Ce claquement succède au second bruit
normal qu'il semble dédoubler ; mais il a son
maximum à la pointe, tandis que le dédoublement s'entend à la base.

BRUIT DE GALOP

C'est un triple bruit constitué par l'adjonction,
aux deux bruits normaux du cœur, d'un bruit
surajouté précédant la systole. Leur succession
reproduit assez exactement le rythme du galop
du cheval, d'où le nom de bruit de galop em-
ployé par Bouillaud dans son enseignement et
adopté par Potain dans son *Mémoire sur le bruit
de galop dans la néphrite interstitielle chronique* (1875).

Le bruit surajouté qui donne lieu au rythme
de galop « est sourd, beaucoup plus que le bruit
normal ; c'est un *choc*, un *soulèvement sensible*,
c'est à peine un bruit. Quand on a l'oreille appliquée sur la poitrine, il en affecte la sensibilité
tactile, plus peut-être que le sens auditif. Et si
l'on essaye de l'entendre avec un stéthoscope
flexible, peu s'en faut, presque toujours, qu'il
ne disparaisse entièrement. Le point où on le
perçoit le mieux est un peu au-dessus de la
pointe du cœur, en tirant vers la droite. Mais,

on l'entend quelquefois dans toute l'étendue de la région précordiale. Avec ce bruit coïncide habituellement un soulèvement sensible à la main et qu'indiquent même nettement les instruments enregistreurs. Ce soulèvement se fait sentir surtout vers le milieu de la région précordiale et un peu au-dessous ; mais il est vague, étalé, et ne ressemble en rien à l'impulsion nette et bien détachée de la pointe qui accompagne ordinairement le premier bruit » (Potain).

Nous croyons utile d'insister sur le caractère tactile plutôt qu'auditif que présente le bruit du galop. Il arrive fréquemment que le choc présystolique soulève la tête de celui qui ausculte, au point de rendre le phénomène visible et diagnosticable pour l'entourage. Telle est la cause qui fait que le bruit de galop est difficilement perceptible à l'aide du stéthoscope, et c'est là sans doute qu'il faut chercher la raison du peu de cas que font de ce signe précieux certaines écoles étrangères qui pratiquent exclusivement l'auscultation médiate.

Le bruit de galop est le plus souvent présystolique ; mais, chez certains malades, il se place au milieu ou même au début de la diastole, au point de simuler un dédoublement du deuxième bruit.

C'est manifestement un phénomène ventriculaire, mais sa coïncidence habituelle avec la systole auriculaire permet de penser qu'il en dépend pour une part. Le choc à la région précordiale résulterait de la réplétion du ventricule gauche brusq+ement complétée par la contraction de l'oreillette (Potain, Exchaquet).

Le tracé cardiographique d'un sujet bien portant présente, en effet, avant le grand soulèvement qui répond à la systole ventriculaire, un soulèvement plus faible qui correspond, ainsi qu'il résulte des expériences de Chauveau et Marey, à l'ondée chassée dans le ventricule par la contraction de l'oreillette. Ce soulèvement présystolique est plus considérable chez les malades qui présentent le bruit de galop. Or Barié, Tripier et Devic, ont montré que la contraction, auriculaire, inscrite au niveau des jugulaires, correspond exactement, sur le tracé précordial, à ce choc surajouté, qui indiquerait une réplétion brusquée du ventricule au moment de la présystole.

Le bruit de galop ne serait donc que l'exagération d'un phénomène physiologique. Si, normalement, la pénétration du sang dans la cavité ventriculaire ne s'accompagne d'aucun bruit ou choc sensible, c'est sans doute parce que le myocarde normal ne se laisse distendre que d'une manière progressive. Il se produit, au contraire, un choc perceptible pour la main et pour l'oreille toutes les fois que, le myocarde se

vidant moins bien, la contraction auriculaire
doit se faire avec plus d'énergie pour assurer
le passage du sang dans le ventricule (¹).
Ainsi peut s'expliquer l'apparition intermittente
du bruit de galop sous l'influence de quelques
pas rapides (Huchard), qui augmentent la pression intracardiaque et la dilatation.

L'interprétation du bruit de galop, telle que
l'a proposée Potain, n'est pas infirmée par les cas
où le galop est diastolique. Henri Chauveau a
rappelé, dans sa thèse, que la systole auriculaire
peut se faire à un moment très variable de la
diastole ventriculaire, et que les cardiogrammes
physiologiques pris sur le cheval la montrent
occupant tantôt la présystole, tantôt la méso-
diastole, tantôt enfin la protodiastole.

Pour d'autres auteurs, la cause du bruit

(¹) Gallavardin a cherché à expliquer le caractère
de *choc* du galop, et son siège au niveau du ventricule
droit, par une théorie ingénieuse. Il s'appuie sur ce
fait anatomo-pathologique, que la cloison interventriculaire, lorsqu'il y a hypertrophie du cœur gauche,
vient faire une saillie très marquée dans l'intérieur du
ventricule droit. Sous l'influence de l'onde auriculaire
présystolique, la cloison interventriculaire déplacée
par la distension du ventricule gauche, va butter en
avant contre la paroi antérieure du ventricule droit,
directement sous la paroi. Ce mécanisme se comprend
aisément et paraît très admissible lorsqu'on examine la coupe transversale d'un cœur de néphrite interstitielle.

de galop devrait en être cherchée dans une dissociation des éléments du premier bruit. Telle est l'opinion de Bard et de Lamacq, d'après laquelle la contraction auriculaire n'aurait rien à faire dans la pathogénie du bruit de galop. Le bruit de choc sourd, généralement considéré comme présystolique, répondrait à la contraction des parois ventriculaires, pathologiquement accentuée. Quant au bruit bref et éclatant qui suit ce choc, il serait constitué exclusivement par le claquement valvulaire. Il n'y aurait donc aucun bruit surajouté présystolique, mais seulement dissociation par suite de l'allongement démesuré de la phase préparatoire de la systole.

En attendant que les progrès de la méthode graphique tranchent la question de pathogénie, l'accord est fait dès à présent entre les cliniciens, quant à la signification pratique du bruit de galop.

Ce signe présente en sémiologie cardiaque une importance égale, sinon supérieure, à celle des souffles organiques. Il appartient surtout à la symptomatologie de l'*artériosclérose rénale* et *cardiaque* : Potain en a précisé la signification dans la néphrite interstitielle. Il permet, lorsque les autres signes sont douteux, d'en affirmer le diagnostic. On l'entend, avec le maximum de netteté, chez les malades qui présentent de la polyurie, une légère albuminurie, et de l'hypertrophie

ventriculaire gauche avec renforcement du deuxième bruit aortique et hypertension artérielle.
*C'est avant tout un signe de faiblesse relative du
myocarde, indiquant qu'il commence à fléchir
dans sa lutte contre l'imperméabilité rénale.*

Il persiste même si la pression diminue et on
le voit souvent coïncider avec l'hypotension
artérielle, lorsque celle-ci résulte de la faiblesse
et de la dilatation du cœur, suite de coronarite
ou de dégénérescence du myocarde. On peut
donc constater le bruit de galop aux diverses
périodes de l'artériosclérose, souvent avant l'apparition des troubles fonctionnels graves, souvent aussi chez des sujets atteints d'angine de
poitrine, de crises d'asthme cardiaque ou d'œ-
dème pulmonaire aigu, quelquefois chez des
asystoliques avec ou sans œdème généralisé.

L'importance du bruit de galop comme signe
prémonitoire de faiblesse du cœur gauche hypertrophié avait été vue déjà par Fræntzel. Il disparaît assez aisément sous l'influence du repos,
et des cures carbogazeuses, surtout lorsqu'on
en obtient l'abaissement de l'hypertension artérielle. Vaquez l'a vu disparaître sous l'influence
de la digitale, puis reparaître ultérieurement
avec l'augmentation de la matité cardiaque et
l'abaissement de la pointe.

Quand la dilatation cardiaque atteint un haut
degré, le bruit de galop est remplacé, d'abord

par un prolongement de premier bruit, puis par un souffle systolique de la pointe dû à l'insuffisance fonctionnelle de la valvule mitrale.

Potain a signalé le bruit de galop *dans la péricardite* comme conséquence de l'inflammation du feuillet viscéral de la séreuse ; il précède alors l'apparition du frottement.

Enfin, le bruit de galop peut être entendu *dans les maladies infectieuses qui provoquent l'affaiblissement du cœur*. Fræntzel. Cuffer et Barbillon. Mais, dans ces conditions, le bruit de galop n'a ni la netteté, ni la constance qui le caractérisent dans la néphrite interstitielle chronique et l'artériosclérose. Ce n'est qu'un signe d'asthénie temporaire du myocarde, qui disparaît rapidement au moment de la convalescence.

Le même bruit de choc déterminant le rythme de galop s'observe quelquefois localisé étroitement à la région xiphoïdienne. Ce *bruit de galop droit* a été décrit par Johnson dans la sclérose pulmonaire, comme conséquence d'un certain degré de dilatation hypertrophique du cœur droit.

En règle générale, il ne faut affirmer l'existence d'un galop droit que lorsqu'il n'existe aucun symptôme permettant de mettre en cause le ventricule gauche. Le maximum du bruit de galop gauche, habituellement en

dedans de la pointe, peut, dans certains cas, se
rapprocher davantage du sternum, et Josserand
a publié deux observations de bruit de galop à
localisation xiphoïdienne, où l'autopsie montra,
avec de grosses lésions rénales, une hypertrophie
limitée au ventricule gauche.

Par contre, à l'autopsie d'une femme atteinte de
sclérose pulmonaire et qui avait présenté pendant ses dernières semaines un galop xyphoïdien
typique, Pic et Mouriquand ont trouvé une dilatation hypertrophique marquée du ventricule
droit le ventricule gauche et les reins étant
normaux. C'est dire que, malgré la rareté du
galop du cœur droit, il ne faut pas cependant en
nier la possibilité.

CHAPITRE IV

—

SOUFFLES ET ROULEMENTS.
CONSIDÉRATIONS GÉNÉRALES.

Indépendamment des modifications que nous venons d'étudier, l'auscultation peut révéler des bruits anormaux, semblables, suivant la comparaison de Laënnec, à celui que produirait un soufflet dont on se sert pour animer le feu, bruits appelés par Andral « bruits de souffle ». Ils relèvent ou d'une lésion organique du cœur (*souffles organiques*), ou d'un simple trouble fonctionnel sans altération matérielle de l'organe (*souffles anorganiques*).

SOUFFLES ORGANIQUES

Les souffles organiques résultent du passage du sang à travers un orifice rétréci, de son reflux à travers des valvules insuffisantes, plus rarement du brisement de la colonne sanguine sur un obstacle isolé. Qu'il y ait rétrécissement ou

insuffisance, la même cause physique explique
la production du souffle, l'insuffisance valvulaire réalisant les conditions d'un rétrécissement
anormal sur le trajet de l'ondée sanguine rétrograde. Cette cause physique, bien établie par
les expériences de Chauveau et Marey, est la
formation d'une veine fluide (¹) au point où le
sang passe d'une partie rétrécie dans une partie
large.

Un liquide, qui circule dans un canal à parois
élastiques, entre en vibration et produit un
bruit soufflant en même temps qu'un frémissement perceptible au doigt, au niveau des parties
rétrécies de ce canal. L'intensité et la fréquence
des vibrations et, par conséquent, l'intensité du
bruit vont croissant avec la vitesse du liquide et
l'étroitesse du rétrécissement, tant que celui-ci
permet le passage d'une onde suffisante. Le
même phénomène se produit aussi, comme l'a
démontré Bergeon, quand le liquide passe d'une
partie large dans une partie rétrécie, à la condition que l'espace élargi forme tout autour du

---

(¹ F. Savart a donné le nom de veine fluide au jet
qui se produit quand un liquide s'écoule d'un réser-
voir par un orifice étroit : d'abord transparent et régulier, ce jet devient rapidement louche à cause de
l'agitation incessante des molécules du liquide, et les
vibrations qui en résultent se traduisent par un bruit
rappelant le bruit de souffle.

rétrécissement un cul-de-sac dans lequel les molécules liquides peuvent vibrer et tourbillonner : c'est ce que réalise l'insuffisance mitrale.

D'autre part, il faut que le sang franchis-e le rétrécissement avec une vitesse et sous une pression suffisante, et tenir compte aussi de l'état des parois du rétrécissement, le souffle se produisant d'autant plus facilement que ces parois sont plus dures. Enfin la diminution du chiffre des globules rouges peut encore augmenter, dans une certaine mesure, la faculté qu'a le sang de se mettre en vibration. On comprend, d'après ce mécanisme général, la production des souffles dans le rétrécissement des orifices, dans les insuffisances valvulaires, et aussi dans la communication interventriculaire par perforation de la cloison.

Quant aux souffles par obstacle brisant la colonne sanguine, on les entend dans le cas de tendons aberrants du cœur qui agissent à la manière d'une anche vibrante, et se révélent par le *bruit de guimbarde*, rude, à tonalité élevée.

Les bruits de souffle ont des qualités très diverses d'intensité, de tonalité, de timbre, d'où l'on peut tirer certaines indications. Mais le diagnostic de la lésion causale se base surtout sur le temps de la révolution cardiaque avec lequel les souffles coïncident, sur leur siège, leur direction et leur propagation.

Temps. — Un souffle peut être *systolique*, c'est-à-dire synchrone de la contraction ventriculaire et précédant quelque peu le pouls ; *diastolique*, commençant avec le deuxième bruit ou le remplaçant pour se prolonger pendant le grand silence ; *présystolique*, c'est-à-dire synchrone de la systole auriculaire et précédant immédiatement celle du ventricule.

Les *souffles systoliques* peuvent résulter de causes diverses. Ils sont dus, soit au reflux du sang à travers une valvule auriculo-ventriculaire insuffisante, ainsi qu'il arrive dans l'insuffisance mitrale ou tricuspidienne ; soit au passage du sang, au niveau des orifices de la base, sur les rugosités des valvules altérées, parfois à travers des rétrécissements de ces orifices. Ils résultent plus rarement d'une communication interventriculaire, d'un tendon aberrant ou rompu, de rugosités saillantes sur la face externe de la grande valve de la mitrale.

Les *souffles présystoliques* et *diastoliques* sont produits par le passage du sang venant des oreillettes à travers les orifices auriculo-ventriculaires rétrécis, ou par la régurgitation du sang de l'aorte ou de l'artère pulmonaire dans les cavités ventriculaires, par les valvules sigmoïdes insuffisantes.

Siège et maximum. — A l'aide de l'auscultation successive, et pratiquée à l'aide du stétho-

scope, des divers points de la région précordiale,
il est aisé de constater que certains souffles
siègent ou prédominent à la base, *souffles basiques*, et d'autres à la pointe, *souffles apexiens*.

Les souffles basiques dépendent, en général,
d'une lésion des orifices artériels, les souffles
apexiens d'une lésion auriculo-ventriculaire.
Leur prédominance à droite ou à gauche permet
de décider s'il s'agit d'une affection du cœur droit
ou du cœur gauche. Les foyers des souffles sont
d'ailleurs les mêmes que ceux des bruits normaux du cœur. Ainsi un souffle systolique qui
présente son maximum à la partie interne du
2ᵉ espace droit, est un signe d'altération des valvules aortiques, quelquefois de rétrécissement
de cet orifice ; s'il siège à la partie interne du
2ᵉ espace gauche, il doit faire penser à un rétrécissement de l'orifice pulmonaire. L'insuffisance
mitrale se caractérise par un souffle systolique
de la pointe ; l'insuffisance tricuspidienne par
un souffle systolique xiphoïdien.

DIRECTION ET PROPAGATION. — Les bruits de
souffle s'entendent à une distance plus ou moins
grande de leur foyer d'origine : en déterminant
le sens de leur propagation, on parviendra donc à
en préciser le siège et l'origine. Ils se propagent généralement dans le sens de l'ondée sanguine qui leur donne naissance (Chauveau) :
ainsi le souffle systolique du rétrécissement de

l'aorte se propage à droite dans la direction de ce vaisseau, tandis que le souffle du rétrécissement pulmonaire se dirige obliquement vers la clavicule gauche. Le souffle diastolique de l'insuffisance aortique, dû au reflux du sang dans le ventricule gauche, se propage de haut en bas et de droite à gauche, soit en arrière du sternum, soit vers la pointe du cœur.

Contrairement à la règle, la propagation du souffle systolique de l'insuffisance mitrale se fait le plus souvent en sens inverse du courant sanguin, c'est-à-dire vers l'aisselle et même vers le dos. C'est qu'au lieu de se produire à la sortie même de l'orifice rétréci, comme dans les rétrécissements, l'ébranlement du liquide se produit avant le passage de l'orifice et dans le cul-de-sac qui entoure l'appareil valvulaire.

Dans des cas assez rares, les souffles s'entendent bien au delà de la région précordiale : c'est ce qui constitue la *propagation lointaine des souffles*, laquelle peut se faire dans toutes les parties du corps, le long de la colonne vertébrale, des côtes, dans la tête jusqu'au vertex et même dans les membres. Cette diffusion, d'abord considérée par Meynet comme propre aux souffles des malformations cardiaques, peut être observée dans toutes les lésions orificielles qui donnent naissance à un souffle systolique intense et grave. Les souffles aortiques se propagent surtout dans le segment supérieur du corps, les souffles mitraux vers le bas.

Intensité. — Les souffles peuvent être forts et rudes, ou légers et doux. Les souffles diastoliques sont généralement moins forts que les souffles systoliques, leur intensité n'est pas égale pendant toute leur durée : elle va en décroissant par suite de la diminution de vitesse et de force du jet de liquide qui traverse l'orifice.

Le souffle de l'insuffisance mitrale a son maximum d'intensité au début de la systole, parce qu'à ce moment la tension est très forte dans le ventricule et faible dans l'oreillette. Le souffle diastolique et présystolique du rétrécissement mitral fait exception à cette règle, parce que la pression dans l'oreillette atteint son maximum au moment de sa contraction, c'est-à-dire à la fin de la présystole.

L'intensité des souffles est surtout en rapport avec la pression sanguine, augmentant et diminuant avec elle. L'hypertrophie du cœur et toutes les circonstances qui augmentent son énergie renforcent les souffles ; l'asthénie ou la dégénérescence cardiaque les affaiblissent.

Il est intéressant de noter *l'influence des attitudes du corps*. Les souffles sont plus forts dans la position horizontale que dans la position verticale, parce que le cœur se contracte moins vite mais plus énergiquement dans le décubitus

dorsal. La force du souffle s'accroît encore, en
même temps que la lenteur des contractions,
quand, suivant le conseil d'Azoulay, on fait
coucher le malade horizontalement, la tête sou-
levée par un traversin, les bras relevés et appuyés
sans effort contre le chevet du lit, les membres .
inférieurs pliés de façon que les talons viennent
toucher les ischions. C'est une *méthode de renforcement des bruits du cœur* qui peut avoir
son utilité dans quelques cas difficiles.

D'autres causes encore font varier l'intensité
des souffles, et parmi elles, la nature des parois
de l'orifice rétréci. Ils sont particulièrement in-
tenses dans les lésions calcifiées des orifices et
des valvules, tandis qu'ils sont faibles quand les
valvules malades sont molles et tomenteuses.
Les vibrations transmises à l'oreille sont affaiblies dans ce dernier cas, renforcées au contraire
dans le premier. Les souffles peuvent même
être alors assez forts pour être perçus par le
malade et son entourage.

Enfin, les dimensions de l'orifice ont une
grande influence sur le souffle : trop large ou
trop étroit, il ne réalise plus les conditions nécessaires pour la production des vibrations sonores. C'est ainsi que le souffle d'insuffisance
mitrale disparaît dans les grandes dilatations
du ventricule gauche, qui s'accompagnent de
dilatation de l'anneau valvulaire. D'autre part,

le souffle ou le roulement peut manquer totalement dans le rétrécissement mitral très serré (Rendu, de Massary et J.-P. Tessier).

Tonalité. — Elle dépend en partie des dimensions de l'orifice. Aigu si le rétrécissement est très considérable, le souffle sera plutôt bas si l'orifice n'est que moyennement rétréci. On désigne habituellement sous le nom de *roulements*, les bruits anormaux à tonalité grave. Le roulement se constate en général dans le rétrécissement mitral, pendant la diastole, toutes les formes de passage existant entre ce roulement diastolique et le souffle présystolique, beaucoup plus aigu. Cette distinction entre les souffles et les roulements n'est pas faite généralement à l'étranger : les Allemands appliquent le terme de *Gebräusch*, et les Anglais, celui de *murmur*, aux uns et aux autres indistinctement.

Timbre. — Le timbre des souffles tient à leur mécanisme et à l'état anatomique des orifices et des valvules (Marey). Laënnec avait distingué le bruit de soufflet et les bruits de scie ou de râpe. Bouillaud y a ajouté le bruit musical ou piaulement, et le bruit de rouet; il a décrit le *souffle aspiratif* qui, au lieu de ressembler à un jet de vapeur, donne la sensation qui accompagne l'aspiration brusque d'une petite colonne d'air à travers les lèvres presque exactement rapprochées. Le type du souffle aspiratif est le souffle diastolique de l'insuffisance aortique.

Le *piaulement* ou souffle musical indique ordinairement l'existence sur le trajet du courant sanguin de corps capables de jouer le rôle d'une anche vibrante ou d'une corde à violon. Ce peut être un lambeau valvulaire flottant, un anévrysme valvulaire perforé ; d'autres fois, un épaississement considérable avec rétraction des cordages tendineux de la valvule mitrale, ou la soudure avec induration des valvules sigmoïdes de l'aorte. Le piaulement, quand il est très intense, peut être entendu à distance. D'intensité moyenne, ce n'est pas un signe certain de lésion organique, car il peut exister en dehors de toute altération intra-cardiaque, comme l'a montré une autopsie de Barié.

SOUFFLES ANORGANIQUES

L'auscultation de la région précordiale peut révéler des bruits de souffle semblables à ceux que produisent les affections du cœur, sans qu'il existe aucune lésion de cet organe. Ce point a une grande importance en sémiotique cardiaque, car de l'interprétation, parfois malaisée, de ces souffles, découle le diagnostic d'intégrité ou d'affection organique du cœur.

Les causes qui provoquent l'apparition de ces

souffles sont très diverses : il est bon de séparer tout d'abord les souffles dus à la dilatation des orifices du cœur, et qui présentent des caractères semblables à ceux des souffles organiques, sans qu'à l'autopsie il soit possible de trouver de lésion orificielle véritable. Ces souffles seront étudiés, au point de vue de leur diagnostic avec les souffles organiques, lorsque nous nous occuperons de ces derniers en particulier.

Les caractères qui suivent s'appliquent aux souffles anorganiques dus à des causes autres que les dilatations orificielles.

La *nervosité du sujet* constitue certainement une des principales conditions de la production des souffles anorganiques. C'est ainsi que l'émotion de l'examen médical suffit à les faire apparaître chez les sujets impressionnables. Ces *souffles de consultation*, comme les appelait Potain, sont surtout accentués au début de l'auscultation, et ils disparaissent souvent dans le cours du même examen ou à un examen ultérieur. Les médecins américains en ont montré l'extrême fréquence chez les sujets examinés pour les assurances sur la vie. Lüthje les a rencontrés chez les quatre cinquièmes des écoliers examinés par lui.

Les *anémies diverses* (chlorose, saturnisme, paludisme, cancer, leucémie, hémorrhagies répétées) sont une des causes les plus habituelles

de l'existence des souffles anorganiques, sans
qu'il y ait cependant de rapport constant entre
leur apparition et la profondeur de la déglobulisation (Potain).

Un certain nombre de maladies fébriles
peuvent encore provoquer l'apparition de souffles
inorganiques. On les entend une fois sur quatre
dans le *rhumatisme articulaire aigu*, et cela
dès le début, avant l'anémie rhumatismale ou
les complications du côté du cœur. L'endocardite, plus rarement la péricardite, semblent
cependant en favoriser le développement.

On rencontre les souffles anorganiques à tous
les âges de la vie. Marfan a entendu, chez un
nourrisson anémique de 20 mois, un souffle
rude, fort, localisé à la base, alors que l'autopsie devait montrer l'absence de toute lésion
organique du cœur. Chez la femme, les souffles
semblent favorisés par la grossesse (surtout aux
derniers mois) et par la puerpéralité.

Les souffles anorganiques diffèrent des souffles
organiques par un certain nombre de caractères
tirés de leur rythme, de leur siège, de leur
timbre, enfin par leur mutabilité.

RYTHME. — Les souffles anorganiques sont
ordinairement *systoliques*, mais au lieu d'être
holosystoliques (ολος, entier), c'est-à-dire de
remplir toute la période systolique comme les
souffles organiques, ils sont *mérosystoliques*

(μερος, portion), n'en occupant qu'une partie. S'ils sont protosystoliques, c'est-à-dire débutant avec la systole, ils se terminent bien avant elle ; ils sont plus souvent mésosystoliques, succédant au premier bruit normal, ou télésystoliques, ne s'entendant que vers la fin de la systole.

Les souffles anorganiques *diastoliques* sont plus rares ; ils se constatent au niveau des régions aortique ou pulmonaire, et sont le plus souvent mésodiastoliques. Certains souffles diastoliques à tonalité basse, souvent qualifiés de roulement, rappellent le roulement du rétrécissement mitral, sans répondre à une sténose réelle de cet orifice. Nous y reviendrons à propos du diagnostic de la sténose mitrale.

Siège. — Le siège des bruits anorganiques n'est pas toujours facile à préciser, et cette diffusion même permet déjà d'en soupçonner la nature : parfois ils ont des maxima multiples avec des différences de timbre et de durée qui tendent à faire croire à leur indépendance réciproque. Cette diffusion est surtout remarquable dans la chlorose.

Leurs foyers d'auscultation se confondent pour une part avec ceux des souffles organiques, quoiqu'en différant sur bien des points ; mais ils sont plus nombreux. Pour en faciliter la détermination, Potain a divisé la surface précordiale en trois zones (*fig.* 15) :

1° la zone basilaire, elle-même subdivisée en
deux régions, l'une droite *préaortique*, l'autre
gauche *préinfundibulaire* (correspondant à l'infundibulum de l'artère pulmonaire) ;

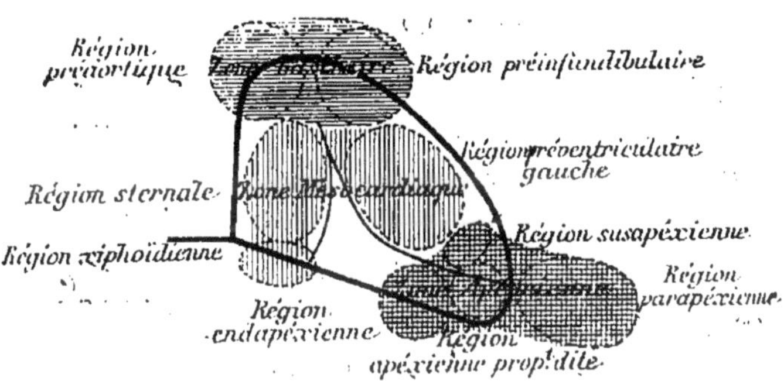

Fig. 15.

2° la zone mésocardiaque comprenant une
région *préventriculaire gauche*, une région
sternale, une région *xiphoïdienne* ;

3° la zone apexienne subdivisée en quatre régions : *susapexienne*, *apexienne proprement
dite*, *parapexienne* et *endapexienne*.

De ces régions, il en est trois où l'on entend
plus particulièrement les souffles anorganiques :
la région préinfundibulaire où ils sont fréquents, mais qui peut être également le siège
de souffles organiques ; la région préventriculaire gauche où se localisent le plus grand
nombre de souffles anorganiques ; et la région
parapexienne qui, comme la précédente, n'est

pas un foyer de souffles organiques. « Tout souffle qui siège dans les régions préventriculaire gauche et parapexienne est certainement anorganique, et le siège est, en ce cas, à lui seul pathognomonique. Or, ces régions contiennent à elles seules plus de la moitié de la totalité des souffles anorganiques que l'on peut rencontrer à la surface du cœur » (Potain). Ce n'est pas à dire que ces bruits n'existent pas dans les autres régions, mais ils y sont exceptionnels.

Timbre. — « Un souffle à tonalité fort élevée ou très basse est habituellement un souffle organique » (Potain). Le timbre des souffles anorganiques est, en effet, généralement doux, aspiratif, superficiel, mais il peut être aussi rude, presque râpeux, (comme l'est souvent le souffle anémique préinfundibulaire), et même piaulant. Il faut attacher plus d importance à ce fait qu'ils ne masquent pas habituellement le claquement valvulaire.

Mutabilité. — Contrairement aux souffles organiques dont la plupart sont remarquables par leur fixité et dont l'intensité ne varie qu'avec l'énergie des contractions cardiaques, les souffles anorganiques sont caractérisés par leur extrême mutabilité. « Ils peuvent apparaître, disparaître, changer de lieu, de temps, de rythme et de timbre d'un jour à l'autre, parfois d'un instant

à l'autre ». Seul, le souffle organique du rétrécissement mitral présente de semblables caractères de variabilité : encore ne se modifie-t-il pas
d'une manière aussi capricieuse.

L'intérêt clinique qui s'attache à la mutabilité
des souffles anorganiques est d'autant plus grand
qu'on peut la provoquer artificiellement, par
exemple en faisant modifier la respiration. La
suspension des mouvements respiratoires les fait
quelquefois disparaître. Ils sont d'ailleurs en
général mieux perçus pendant l'expiration, et
ils disparaissent quelquefois entièrement pendant l'inspiration.

Ces modifications sont cependant d'une moindre valeur que celles dues aux *changements de
position*. Un souffle anorganique constaté dans
la position horizontale disparaît ou s'atténue notablement quand le malade s'assied.

Potain a pu tirer de ses observations les règles
suivantes qui, jointes aux caractères fournis par
le siège et le rythme, permettent presque toujours le diagnostic différentiel des souffles organiques et anorganiques :

1° Un bruit persistant et d'une fixité absolue
est vraisemblablement un souffle organique et
doit être tenu pour tel, s'il n'y a pas de preuves
contraires.

2° Un souffle qui apparaît et disparaît entièrement sous l'influence de causes médiocres, s'il

ne s'agit pas de rétrécissement mitral ou d'insuffisance tricuspidienne, doit être tenu pour un souffle cardio-pulmonaire.

3ᵉ Tout souffle qui disparaît entièrement ou se modifie considérablement sous l'influence d'un changement de position, doit être également considéré comme un bruit anorganique.

Il faut enfin tenir compte des indications fournies par la *percussion du cœur* : la présence ou l'absence d'une augmentation de la matité a tranché le diagnostic lorsqu'il existe un souffle systolique de la pointe faisant penser à une insuffisance mitrale. Nous avons vu que cette dernière s'accompagne dans l'immense majorité des cas d'une matité élargie dans le sens transversal, signe qui manque toujours lorsque le souffle est de nature anorganique.

Théories. — La cause physique des souffles anorganiques est très diversement interprétée, et si l'accord est fait sur leurs caractères, il ne l'est pas sur leur pathogénie.

Bouillaud les attribuait à la pauvreté du sang qui facilite sa mise en vibration. Cette théorie sembla confirmée par les observations de Marshall Hall qui, après des émissions sanguines, avait constaté, à la région précordiale, un bruit anormal à caractère soufflant ; elle trouvait également un appui dans la coïncidence des souffles veineux des jugulaires. Potain a montré qu'il

existait bien un souffle cardiaque anémique,
mais qui nécessite une déglobulisation excessive,
telle que l'on ne l'observe que chez les malades
épuisés par des hémorrhagies répétées ou chez
les animaux saignés à blanc.

Une deuxième théorie a fait dériver les souffles anorganiques de spasmes fonctionnels des
orifices du cœur, expliquant ainsi la fréquence
de ces souffles chez les nerveux. C'est ainsi que
Constantin Paul, se basant sur la prédominance
des souffles chlorotiques au foyer pulmonaire,
avait émis l'hypothèse d'un rétrécissement spasmodique de ce vaisseau.

Il s'agissait, pour d'autres auteurs, d'insuffisances fonctionnelles des valvules auriculo-ventriculaires, soit par dilatation du ventricule
(Parrot). soit par parésie des piliers (Hesse et
Ludwig), soit, au contraire, par spasme de ces
piliers (Bamberger, Cuffer).

Potain a substitué à ces théories diverses la
théorie pulmonaire univoque des souffles anorganiques, les considérant tous comme des *souffles
extracardiaques*. Les souffles diastoliques de la
base prendraient naissance dans le poumon par
suite du retrait diastolique de l'aorte, lequel
produirait une aspiration localisée dans les
alvéoles pulmonaires avoisinantes. Les souffles
systoliques résulteraient d'une semblable aspiration localisée dans la lame pulmonaire située

au devant du cœur, sous l'influence du retrait
de cet organe au moment de la systole. Potain
a montré la possibilité, chez le chien, de faire
disparaître ou apparaître alternativement un
souffle, en modifiant ou en rétablissant, à
l'aide d'un crochet introduit dans la plèvre,
les rapports de la portion du poumon située au
devant du cœur. Si les souffles cardio-pulmo-
naires n'existent pas chez tous les sujets, c'est
qu'ils ne se produisent que sous certaines influences : une lame pulmonaire trop épaisse,
emphysémateuse, est une mauvaise condition,
tandis qu'une lame mince, telle qu'elle existe
souvent à la région préventriculaire gauche, est
très favorable à la production du souffle. De
même, l'accélération du cœur sans modification
du rythme respiratoire, comme dans l'émotion
ou dans la fièvre, est une des causes les plus communes des souffles extracardiaques. Enfin, l'augmentation du volume du cœur s'oppose à leur
développement : « en général, les petits cœurs
soufflent et les gros restent silencieux » (Potain).

La théorie de l'origine pulmonaire des souffles
anorganiques a été adoptée par la plupart des
auteurs. L'accord semble être complet pour ce
qui est des *souffles diastoliques*. Dans plusieurs
observations de J. Teissier, de Gallavardin, l'autopsie montra l'existence d'une lame pulmonaire
fixée par des adhérences au devant des vaisseaux

de la base. Gallavardin avait noté chez son malade une grande mutabilité du souffle, qui disparaissait dans l'expiration.

Les opinions restent plus divergentes en ce qui concerne les *souffles systoliques*. Tripier et Devic considèrent que l'origine pulmonaire de ces derniers est exceptionnelle : dans la majorité des cas, ils ont trouvé aux autopsies le poumon retenu loin du foyer du souffle par des adhérences. Ils en ont conclu que la plupart de ces souffles avaient une origine intra-cardiaque, et qu'il fallait tenir compte, parmi les facteurs de leur production, de l'état hypoglobulique du sang et d'un certain degré de brusquerie des contractions cardiaques. Cette manière de voir s'accorde avec ce que nous savons du rôle de l'anémie d'une part, du névrosisme ou de l'émotion de l'autre, dans la production des souffles anorganiques.

Il est difficile dans l'état actuel de la science, de trancher catégoriquement la question de l'origine pulmonaire ou intracardiaque des souffles anorganiques ; il est probable d'ailleurs que l'une et l'autre théorie sont exactes chacune pour une partie des faits cliniques.

CHAPITRE V

—

SOUFFLES ET ROULEMENTS ORGANIQUES EN PARTICULIER

SOUFFLES ET ROULEMENTS MITRAUX

Nous avons dit que l'orifice mitral répond à la partie interne du 2e espace intercostal gauche, et cependant que les bruits mitraux normaux ou pathologiques ont leur maximum d'intensité au niveau de la pointe du cœur.

Il importe donc, avant de rechercher par l'auscultation les souffles de l'orifice mitral, de déterminer par la palpation le siège du choc de la pointe. Celle-ci, dans un grand nombre de cas, est abaissée ou déviée, soit par suite de la conformation du thorax, soit à cause de l'hypertrophie ou de la dilatation de l'organe. Après l'avoir localisée avec le maximum de précision possible et s'être assuré qu'il existe bien à ce niveau un souffle ne s'entendant pas, ou ne s'entendant que plus faiblement dans d'autres points de la région précordiale, il faut en préciser le temps.

Souffle systolique. — La cause la plus habituelle de ce souffle est l'*insuffisance de la valvule mitrale*. A l'état normal, les deux valves de la mitrale se tendent et se rapprochent au moment de la systole pour oblitérer complètement l'orifice auriculo-ventriculaire gauche. Lorsque cette occlusion se fait imparfaitement, le plus souvent par suite de lésions des valves ou des piliers, le sang reflue du ventricule dans l'oreillette à travers un pertuis plus ou moins étroit, déterminant un souffle qui remplace le claquement systolique normal.

Quelle qu'en soit la cause, le souffle de l'insuffisance mitrale présente les caractères suivants :

C'est un souffle systolique, commençant exactement au moment où devrait se produire le premier bruit du cœur lequel est le plus souvent absent ; il atteint son maximum d'intensité dès l'instant où il se produit, et se prolonge en s'atténuant pendant toute la durée du petit silence.

Il siège exactement à la pointe du cœur et présente son maximum à ce niveau. Cette localisation tient à des causes diverses : au niveau de la pointe, le ventricule gauche est directement en contact avec la paroi thoracique, ce qui favorise la transmission des bruits qui s'y produisent. Souvent aussi, la valvule est transformée en un cône rigide dont le sommet ou orifice est très rapprochée de la pointe, par suite du raccourcissement des tendons. Enfin, les expériences de Bergeon ont démontré qu'un souffle produit par le passage d'un courant à travers le sommet d'un cône se propage en sens inverse du courant, c'est-à-dire, pour le souffle mitral, vers la pointe.

Le souffle d'insuffisance mitrale *se propage vers l'aisselle et dans le dos*, où on peut l'entendre le plus souvent vers l'angle de l'omoplate. Cette propagation absolument caractéristique permet toujours de distinguer le souffle mitral des souffles systoliques tricuspidien ou aortique qui ne dépassent jamais la ligne axillaire postérieure.

Parfois cependant, le souffle d'insuffisance mitral présente un second maximum d'intensité au niveau du 3e espace intercostal gauche (Skoda). Naunyn admet qu'il s'agit alors d'une propagation du souffle de la pointe, transmis à la paroi par l'auricule gauche.

Le *timbre* du souffle de l'insuffisance mitrale est généralement doux, rappelant celui d'un jet de vapeur. Mais il peut être rude, râpeux ou musical, donner l'impression d'un piaulement, cela dans les conditions indiquées plus haut pour donner naissance à ces espèces de bruits.

L'*intensité* dépend, comme pour tous les souffles, du degré de l'activité cardiaque. Quand la contraction ventriculaire est faible, la régurgitation mitrale n'est pas suffisante pour donner naissance à un souffle. Ainsi en est-il parfois dans l'asystolie, le souffle mitral reparaissant sous l'influence du repos et de la digitale.

L'intensité est encore subordonnée aux conditions anatomiques de l'insuffisance. Lorsque le pertuis est très étroit, le souffle peut être nul ou peu marqué ; de même, dans les larges insuffisances avec perte de substance, le reflux du sang dans l'oreillette ne donne pas naissance à des vibrations suffisantes pour produire un souffle. Lorsqu'on entend, au contraire, un souffle systolique très intense, il s'agit d'un orifice rigide dont les bords ne sont pas très écartés l'un de l'autre, de sorte que le courant sanguin les fait vibrer avec énergie, en même temps qu'il vibre lui-même (Potain et Rendu).

L'insuffisance mitrale peut être fonctionnelle, c'est-à-dire exister sans lésion organique des valvules. Ces dernières, quoique entièrement saines, restent impuissantes à obstruer l'orifice auriculo-ventriculaire dilaté, en particulier parce que les piliers et leurs cordages sont devenus trop courts pour permettre l'affrontement des valves. Cette conception, universellement admise après Bouillaud, parce qu'elle s'accordait bien avec les faits cliniques, fut combattue par Potain qui montra qu'un certain nombre des souffles de la pointe étaient extra-cardiaques et, d'autre part, que les expériences sur le cœur cadavérique réalisaient très difficilement le reflux auriculaire, même sous très forte pression. Beaucoup d'auteurs ont fait aussi observer que, pour permettre une semblable insuffisance fonctionnelle, la dilatation orificielle devait être énorme, au point de permettre l'introduction de trois ou même de quatre doigts, conditions qui sont rarement réalisées pendant la vie.

Les cliniciens n'en continuaient pas moins à constater fréquemment, en relation directe avec l'état de faiblesse ou de restauration cardiaque, l'apparition ou la disparition d'un souffle systolique qui présentait tous les caractères du souffle d'insuffisance mitrale.

Des expériences récentes de François-Franck et C. Lian ont apporté la démonstration complète de l'existence d'une insuffisance mitrale fonctionnelle. Par l'inscription graphique des variations de volume de l'oreillette gauche chez le chien, ces auteurs sont arrivés à déterminer certaines des conditions qui font apparaître ou disparaître le reflux systolique dans la cavité auriculaire. Ainsi en est-il de l'asphyxie; la compression de l'aorte agit de même lorsqu'on y associe une excitation du pneumogastrique susceptible d'affaiblir momentanément le myocarde. Le reflux auriculaire disparaît sur le graphique dès que cessent d'agir les causes qui l'ont provoqué, sans qu'il persiste aucune trace d'un trouble de la fonction cardiaque. On peut ainsi faire apparaître, puis disparaître à nouveau l'insuffisance fonctionnelle chez le même animal à quelques jours de distance. En même temps que le crochet graphique du reflux auriculaire, Lian notait à l'auscultation un souffle apexien, occupant toute la systole, couvrant en partie le premier bruit, et se propageant dans l'aisselle.

Le souffle d'insuffisance mitrale fonctionnelle se distingue difficilement en pratique de celui dû aux lésions de la valvule. Il est ordinairement plus doux, et il n'occupe parfois que la première partie de la systole. Il ne provoque jamais de frémissement cataire. Son véritable caractère réside dans ses intermittences et dans sa disparition sous l'influence du traitement cardiotonique.

Roulement et souffle diastoliques; souffle présystolique. — Nous réunissons, dans ce même paragraphe, les roulements et les souffles qui occupent la diastole, en partie ou en totalité, au niveau du foyer d'auscultation mitral. Il n'existe pas, en effet, de différence fondamentale entre ces deux variétés de bruits pathologiques : seul diffère le nombre des vibrations de la veine liquide, plus rares dans le roulement, plus rapides et plus nombreuses dans le souffle. L'un et l'autre sont produits le plus habituellement par le rétrécissement de l'orifice mitral.

Nous avons dit que le sang de l'oreillette passe dans le ventriculé pendant toute la durée de la diastole, et que ce passage, lent d'abord, se termine par une contraction brusque de l'oreillette. Le tout, à l'état normal, ne s'accompagne d'aucun bruit. Mais si l'orifice mitral est rétréci, il se produit à ce niveau une veine fluide qui entre en vibration et qui provoque l'apparition de bruits anormaux : l'un est diastolique, correspondant à la première partie de la diastole ; l'autre présystolique, coïncide avec la contraction auriculaire.

Le *souffle* ou *roulement diastolique* a le plus souvent une tonalité basse, à cause de la faible pression existant à ce moment dans l'oreillette : Il exige, pour être perçu, le ralentissement des contractions cardiaques, et manque quand le cœur est accéléré.

Il siège dans une région circonscrite, un peu au-dessus et en dedans de la pointe, c'est-à-dire dans la région même où se produit la veine fluide. L'appareil valvulaire, transformé par la sténose, constitue en effet une sorte d'entonnoir à sommet très rapproché de la pointe.

Ce bruit diastolique présente une grande variabilité au **po**int de vue de la durée. Il peut occuper toute la diastole ou, au contraire, seulement sa première partie. Il commence généralement dès l'ouverture des valvules mitrales, et son début est quelquefois marqué par un claquement que nous avons déjà étudié.

Le timbre en est également des plus variables : il est parfois grave, accompagné d'un frémissement nettement perçu à la palpation (roulement diastolique); d'autres fois, au contraire, plus aigu, il ne donne lieu qu'à un frémissement peu perceptible. Dans ce dernier cas, et surtout quand il occupe une grande partie de la diastole, il est souvent très difficile à distinguer du souffle de l'insuffisance aortique. Josserand pense cependant que ce souffle diastolique peut servir utilement au diagnostic de la sténose mitrale, et il insiste sur ses caractères spéciaux, qui sont d'être entendu uniquement au niveau des 3e et 4e espaces gauches, d'être moins aspiratif, plus court que le souffle d'insuffisance aortique, enfin de s'accompagner quelquefois de frémissement.

Le *souffle présystolique* du rétrécissement mitral existe rarement à l'état isolé; le plus souvent, il continue le roulement diastolique. Produit, comme nous l'avons dit, par la contraction auriculaire, il va *crescendo* pour cesser. brusquement au moment de la systole, se terminant par un claquement habituellement exa-

géré et éclatant. Dans quelques cas exceptionnels, il peut s'écouler un très court espace de
temps entre sa terminaison et le début du
bruit systolique (J. Mackenzie). Au palper, ce
souffle coïncide avec le frémissement cataire présystolique, également bref et terminé nettement
sur un choc vibrant (Bard).

Le roulement diastolique et le souffle présystolique sont, en général, associés au dédoublement du second bruit à la base. L'ensemble
constitue le *rythme mitral de Duroziez*. Ce
rythme, tout à fait caractéristique et que l'on
ne saurait méconnaître après l'avoir entendu
une seule fois, est parfaitement représenté par
l'onomatopée suivante, devenue classique depuis la description de Duroziez : « *ffoutt ta-ta
rrou* », *ffoutt* correspondant au souffle présystolique et au premier bruit du cœur, *ta-ta*, au
dédoublement du deuxième bruit, *rrou*, au roulement diastolique.

Le rythme de Duroziez est d'ailleurs loin
d'être constant, et l'on doit faire le diagnostic
du rétrécissement mitral même en son absence,
*en se basant sur la coexistence d'au moins
deux des signes habituels de cette lésion.*

Les souffles peuvent, en effet, manquer dans
les grandes dilatations cardiaques qui accompagnent parfois la double lésion de la valvule.
De même, dans les rétrécissements très serrés,

Ils manquent aussi dans le rétrécissement de l'enfant (d'Astros, Poynton) qui ne se caractérise tout d'abord que par le dédoublement de la base et par l'éclat du premier bruit. Les souffles n'arrivent à se produire qu'avec les années, à mesure que le rétrécissement est devenu plus étroit par rapport au cœur et à l'organisme dont le développement a continué. D'après Mackenzie, le souffle présystolique serait le premier à apparaître chez les sténosés de l'orifice mitral, caractérisant un rétrécissement relativement peu serré. Le souffle diastolique appartiendrait à une période plus avancée de l'évolution de la maladie (¹).

Chez l'adulte même, on a remarqué depuis longtemps les caractères variables que présentent les souffles diastolique et présystolique, d'un malade à l'autre, et même quelquefois d'un jour à l'autre chez un même malade (Huchard). Les raisons de cette mutabilité, que les anciens cliniciens avaient notée sans pouvoir en donner

______

(¹) Nous avons vu que la distinction entre le roulement et le souffle n'est pas faite par les auteurs étrangers : ils se trouvent ainsi privés d'éléments de pronostic dont Potain nous a montré la grande valeur. Le roulement grave, accompagné d'un frémissement net, est d'un pronostic moins sérieux que le souffle diastolique, avec frémissement peu perceptible, qui correspond à une sténose serrée.

la raison, nous apparaissent actuellement sous un jour nouveau depuis les travaux de Mackenzie.

Cet auteur a eu le mérite d'attirer notre attention sur une phase, relativement tardive chez les porteurs de sténose mitrale, et où le souffle ou roulement diastolique persiste seul, se terminant sans renforcement final un peu avant le claquement systolique. La disparition du souffle présystolique coïncide avec une irrégularité complète des battements cardiaques. De plus, si l'on prend le tracé des veines jugulaires, on s'aperçoit que l'ondulation *a* de ce tracé (qui correspond à l'état normal à la contraction de l'oreillette) a complètement disparu. Il y aurait donc paralysie de l'oreillette à une certaine période de l'évolution de la sténose mitrale, ce qui ne peut être sans qu'un grand trouble soit apporté à la capacité de travail du cœur, et l'on pourrait présumer cette paralysie par la seule constatation, chez un malade atteint de rétrécissement mitral avec arythmie, d'un souffle diastolique se terminant sans renforcement présystolique.

Les vues de Mackenzie ont été confirmées par des travaux de Hewlett et de Hirschfelder en Amérique, de Joachim et de Rautenberg en Allemagne. L'examen des tracés jugulaires prélevés par l'un de nous chez un certain nombre de sténosés du service du docteur Vaquez mène à des constatations également concordantes :

chaque fois que l'ondulation *a* avait disparu des tracés, nous avons trouvé une arythmie complète, et le renforcement présystolique était absent à l'auscultation.

La disparition du souffle présystolique (signe de Mackenzie), peut n'être que transitoire, et le rythme mitral complet reparaître sous l'influence du repos et des cardiotoniques : le pouls redevient alors régulier et l'ondulation *a* se manifeste à nouveau sur les tracés jugulaires. Mais, le plus souvent, la paralysie auriculaire est définitive, et la persistance du signe de Mackenzie doit faire craindre une rupture prochaine de l'équilibre circulatoire.

Roulement de Flint. — Le roulement et le souffle diastoliques peuvent exister sans que la valvule soit altérée organiquement. C'est ainsi que, *chez certains malades porteurs d'insuffisance aortique*, on entend, au voisinage de la pointe, un roulement qui occupe la fin de la diastole. Cette association, sur laquelle a insisté Flint, n'est pas significative d'une double lésion. Le roulement diastolique est dû vraisemblablement à la mise en vibration de la grande valve de la mitrale sous l'influence de l'ondée rétrograde aortique.

Il est parfois nécessaire, pour assurer le diagnostic, de rechercher les signes périphériques de l'insuffisance aortique. De plus, on constate du

côté de la pointe, un choc en dôme et l'absence
de dureté du premier bruit. Le dédoublement du
second bruit, s'il existe, est rarement permanent.
Enfin la percussion dorsale montre une oreillette
gauche normale, ,toutes conditions qui permettent d'écarter le diagnostic de rétrécissement mitral associé à la lésion aortique.

Faux rétrécissement mitral. — Dans d'autres
cas, le rythme mitral est perçu, avec ou sans dédoublement du second bruit, comme seule anomalie révélée par l'auscultation du cœur, mais
il ne l'est que d'une manière intermittente. Ce
syndrome se remarque plus particulièrement
chez les chloro-anémiques (G. Sée, Peter).

Picot et Revilliod ont cherché à l'expliquer
par un rétrécissement passager de l'orifice mitral dû au spasme des piliers. Cuffer et son élève
Royer se sont prononcés, au contraire, en faveur
d'une contraction spasmodique des fibres ventriculaires qui s'insèrent sur l'anneau fibreux.

Cette théorie du rétrécissement par spasme
localisé du cœur a été repoussée par Chauveau
et par Lamacq, et il semble qu'on puisse avec
plus de logique mettre en cause avec Bard la
nervosité des contractions auriculaires, lesquelles
peuvent provoquer, *chez des sujets anémiques,*
la formation d'une veine fluide au niveau de
l'orifice mitral.

Le diagnostic entre le rétrécissement vrai et

le faux rétrécissement est souvent délicat. On y
arrive en s'appuyant non sur la variabilité des
souffles, — nous avons vu qu'elle peut exister
dans le rétrécissement vrai, — non plus sur la
présence ou l'absence d'un frémissement cataire,
— ce dernier n'étant que la traduction tactile
du souffle, — mais sur la présence ou l'absence
du dédoublement du second bruit, et sur les
caractères du premier bruit. Le souffle se ter-
mine-t-il par un premier bruit éclatant à
l'oreille, vibrant à la main ; est-il suivi d'un
dédoublement du second bruit permanent, on
pourra affirmer l'existence d'un rétrécissement
mitral vrai. S'agit-il, au contraire, d'un roulement sans vibration clôturale, avec dédoublement inconstant ou absent, on pourra rassurer
le malade en toute certitude (Bard).

Il ne faudra pas négliger de percuter l'oreillette gauche dans le dos, l'augmentation de sa
matité étant pathognomonique du rétrécissement mitral. Il est vrai que ce signe n'apparaît
souvent que lorsqu'existent déjà des signes fonctionnels d'insuffisance cardiaque.

Souffle d'asthénie cardiaque. — Une dernière
variété de souffle présystolique a été décrite par
Lamacq (de Bordeaux), sous le nom de souffle
d'asthénie cardiaque. C'est un souffle bref, souvent à peine ébauché, qui débute tout à fait à la
fin de la diastole et se termine brusquement par

le claquement valvulaire mitral. Il siège au centre de la surface du cœur et ne se propage pas. Il est précédé d'un choc assourdi qui correspond, pour Lamacq, au bruit surajouté du rythme de galop. Le souffle d'asthénie cardiaque n'existerait jamais sans galop, et il se trouverait toujours exactement compris entre les deux premiers bruits qui composent ce dernier.

Nous avons exposé la théorie qui veut expliquer le bruit de galop par la dissociation des éléments du premier bruit, en raison de l'allongement de la phase préparatoire de la systole ventriculaire. Entre le durcissement des ventricules qui commence la systole et le claquement valvulaire qui indique la fermeture complète de l'orifice, s'écoule donc un temps appréciable qui permet à une petite quantité de sang de refluer, à chaque systole, du ventricule vers l'oreillette. C'est ce reflux qui causerait le souffle bref décrit par Lamacq. C'est un signe de fatigue du cœur, que l'on constate à la suite du surmenage physique, ou au cours des maladies infectieuses, parfois chez certains hypertendus. Il augmente par la montée d'un escalier, il s'atténue par le repos et les cardiotoniques. Sa signification sémiologique ne s'écarterait pas de celle du bruit de galop.

SOUFFLES DE L'ORIFICE TRICUSPIDE

Souffle systolique. — Ce souffle est dû à l'insuffisance de la valvule tricuspide et à la régurgitation du sang du ventricule droit dans l'oreillette correspondante. Le souffle systolique tricuspidien est connu depuis Hope dans l'*insuffisance organique*; il a été décrit par Parrot dans l'*insuffisance par dilatation*, sous le nom de *souffle symptomatique de l'asystolie*.

Le maximum du souffle de l'insuffisance tricuspidienne se trouve au niveau de l'appendice xiphoïde, à l'union des 3e et 4e cartilages costaux avec le bord gauche du sternum. Duroziez n'admet pas cette localisation étroite : d'après lui, le ventricule droit occupant à peu près toute la surface antérieure du cœur, surtout quand il est dilaté, le souffle systolique tricuspidien peut être entendu depuis le sternum jusqu'à la pointe, et ne se distingue du souffle systolique mitral que parce qu'il ne dépasse pas la pointe, et qu'il ne se retrouve ni dans l'aisselle ni dans le dos.

La distinction entre le souffle mitral et le souffle tricuspidien est presque impossible chez l'enfant, les deux foyers n'existant nettement qu'à partir de l'âge de douze ans (Sansom). Elle est parfois difficile chez l'adulte, surtout quand il y a association des deux souffles mitral et tricuspidien.

On se basera sur leur propagation axillaire ou xiphoïdienne, et sur leur timbre habituellement différent.

Le *souffle tricuspidien organique* est rude, musical, parfois accompagné de frémissement cataire, quand le ventricule droit a conservé sa force normale et que les bords de l'orifice sont étroits et rugueux, comme on l'observe à la suite des endocardites à localisation tricuspidienne. De plus, il est permanent comme la lésion qui lui donne naissance, et c'est ce dernier caractère qui le distingue surtout du souffle de l'*insuffisance fonctionnelle*.

Cette dernière est très fréquente. Certains auteurs admettent même qu'il existe un certain degré d'insuffisance tricuspidienne physiologique, laquelle augmenterait sous des influences diverses pour provoquer l'apparition du souffle. Ce dernier a pu manquer par contre dans des cas où l'insuffisance tricuspidienne était évidente cliniquement, et où l'autopsie a montré un orifice largement dilaté.

Souffles diastolique et présystolique. — Ces souffles sont très rares et dus au *rétrécissement de l'orifice tricuspidien*. Cette lésion, peu commune, est d'un diagnostic d'autant plus difficile qu'elle existe rarement à l'état isolé et que les bruits anormaux qui la caractérisent sont le plus souvent couverts par le rythme de la sténose mitrale. Le souffle présystolique tricuspidien, d'ailleurs inconstant, siège sur le bord gauche de l'appendice xiphoïde et se propage à peine en dehors de ce point ; il est doux ou rude suivant l'état des bords de l'orifice. Il peut être accompagné de frémissement cataire présystolique qui traduit comme le souffle, une systole auriculaire exagérée. Mackenzie a pu faire, à plusieurs reprises, le diagnostic du rétrécissement tricuspidien par la constatation, sur les tracés du pouls hépatique, d'une ondulation présystolique supplémentaire, caractéristique, au même titre que le souffle, d'une énergie anormale de la contraction de l'oreillette droite.

SOUFFLES DE L'ORIFICE AORTIQUE

Souffle systolique. — Un souffle systolique qui présente son maximum d'intensité au foyer aortique, c'est-à-dire à l'extrémité sternale du 2ᵉ espace intercostal droit, est généralement dû à des végétations saillantes, le plus souvent athéromateuses, et qui siègent au niveau de l'orifice aortique. Dans un certain nombre de cas, ces végétations peuvent arriver à constituer un *rétrécissement plus ou moins serré de l'orifice*. Le rétrécissement peut également se produire à la suite d'une endocardite ayant amené la soudure partielle des valvules sigmoïdes.

Le souffle systolique aortique est variable de timbre et d'intensité suivant les conditions qui lui donnent naissance : il est rude, râpeux, quelquefois musical et perceptible à distance quand il est lié à une induration calcaire avec rugosités des valvules aortiques ; au contraire, doux quand il est dû à une endocardite récente.

Il couvre le petit silence et cesse brusquement au moment du deuxième bruit aortique. Il se propage en haut sur le trajet des artères carotides, en bas dans toute la région précordiale en diminuant d'intensité à mesure qu'on se rapproche de la pointe. Il ne dépasse jamais cette dernière. Dans l'athérome, il peut être assez fort pour couvrir le claquement normal de la valvule mitrale, bien que celui-ci en précède le début d'un très court intervalle.

La présence d'un souffle systolique aortique ne suffit pas à établir l'existence du rétrécissement. Il faut pour que l'on puisse affirmer l'existence de cette lésion, que le souffle coïncide avec d'autres signes, tels que la petitesse du pouls (qui s'inscrit sur les tracés par une ligne d'ascension oblique avec sommet arrondi), et la faiblesse de la tension artérielle. A la percussion, on note une matité ventriculaire gauche étendue, qui peut s'accompagner de choc en dôme. Nous avons vu qu'il existe parfois au foyer aortique un frémissement cataire. Ce dernier signe suffit à assurer le diagnostic.

Souffle diastolique. — Ce souffle est dû à *l'insuffisance des valvules aortiques*, c'est-à-dire à leur occlusion incomplète pendant la diastole, permettant au sang de refluer de l'aorte dans le ventricule gauche. C'est un souffle doux, aspiratif, commençant dès le début de la diastole, et remplaçant habituellement le claquement normal des valvules sigmoïdes. Dans certains cas, il suit immédiatement ce claquement, qui est alors plus ou moins clangoreux.

Parfois bref et n'occupant qu'une partie du grand silence, il se prolonge ordinairement en s'atténuant jusqu'à la fin de la diastole. Sa durée dépend de l'état de l'orifice, mais plus encore du moment où le ventricule se trouve rempli par l'ondée sanguine rétrograde et où la pression y devient égale à celle de la pression aortique.

Son siège est variable. Comme l'a montré Bucquoy, il faut le chercher sur le trajet du courant sanguin qui lui donne naissance : on auscultera donc successivement tous les points de la région précordiale en commençant par le foyer des bruits aortiques, c'est-à-dire l'extrémité interne du 2° espace intercostal droit ; de là, on portera le stéthoscope le long du sternum où le souffle sera souvent entendu avec une grande netteté, se propageant jusqu'à l'appendice xiphoïde (Landouzy) ; puis à gauche jusqu'à la pointe où parfois il présente son maximum d'intensité. Ce maximum peut encore exister au niveau du 2e ou 3e espace intercostal gauche ; dans certains cas, on l'entend en pleine région axillaire, séparé du foyer orificiel par une zone muette (Coles). Ces variations de siège et de propagation sont probablement en rapport avec la direction de l'ondée sanguine, laquelle prolonge l'obliquité du pertuis d'insuffisance.

Au lieu d'être doux, moelleux, aspiratif, le souffle diastolique de l'aorte est quelquefois piaulant, perceptible pour le malade dont il trouble le repos, et pour son entourage : cette particularité s'observe dans les perforations ou les ruptures des valvules sigmoïdes, et aussi dans l'athérome de l'aorte.

Ce souffle est rarement intense, à cause de la faible pression qui lui donne naissance : aussi peut-il être difficile à entendre. Parfois il n'existe que dans la position verticale. Duroziez, Sansom ont recommandé dans les cas douteux de faire faire au malade quelques pas rapides. D'une manière générale, l'intensité du souffle est en raison inverse du degré de l'insuffisance, à tel point que le souffle peut manquer dans les grandes insuffisances (Leube), les valvules étant tellement réduites qu'elles ne

peuvent plus produire de vibrations perceptibles. Il peut manquer aussi ou être très difficile
à percevoir dans les insuffisances aortiques par
athérome pendant toute leur phase de consti-
tution ; lorsqu'il existe des lésions orificielles
multiples (sténose mitrale en particulier); en
cas d'arythmie continue (Bard). On se basera
alors sur l'existence des signes périphériques et
du choc en dôme.

Le souffle d'*insuffisance aortique par dilatation de l'orifice* sans lésions des valvules, longtemps discuté, est actuellement admis par la
majorité des auteurs. Stewart a prouvé, chez le
chien, que la musculature de la partie supérieure du ventricule joue un certain rôle dans
la fermeture de l'orifice aortique. Pal, Vaquez,
ont vu ce souffle succéder aux longues crises
d'hypertension artérielle. Il peut être pendant
longtemps transitoire et nous l'avons vu disparaître pour des mois à la suite d'une thérapeutique tonicardiaque et hypotensive. Il finit à la
longue par devenir permanent, lorsque les valvules se laissent envahir par l'athérome.

Le souffle d'insuffisance aortique fonctionnelle ne se distingue du souffle organique que
par ses intermittences, lesquelles coïncident avec
l'abaissement de la tension artérielle et la diminution de la matité cardiaque.

SOUFFLES DE L'ORIFICE PULMONAIRE

Souffle systolique. — La seule lésion cardiaque qui puisse la faire apparaître est le *rétrécissement de l'artère pulmonaire*, acquis ou congénital.

Nous avons vu que l'orifice pulmonaire est placé derrière la 3e articulation chondrosternale gauche ; le tronc de l'artère répond à la partie la plus interne du 2e espace du même côté. C'est donc à ce niveau que doit se trouver le maximum du souffle. Toutefois, il est deux circonstances qui peuvent modifier quelque peu ce siège. Tout d'abord, le rétrécissement qui, le plus souvent, occupe l'orifice même de l'artère quand il s'agit de *rétrécissement acquis*, peut siéger, soit au niveau de l'infundibulum de l'artère pulmonaire (rétrécissement préartériel), soit au niveau du tronc artériel lui-même, quand il s'agit de *rétrécissement congénital*. En second lieu, dans le rétrécissement acquis, l'artère pulmonaire présente une dilatation notable encore inexpliquée, mais d'où il résulte que le souffle a son siège, non plus à la partie la plus interne du 2e espace gauche, mais à 2 ou 3 centimètres en dehors du bord sternal. C'est cette même dilatation de l'artère en aval du rétrécissement, qui explique et la superficialité du souffle et son intensité.

Il s'agit, en effet, d'un souffle rude, râpeux, parfois assez intense pour être entendu à une certaine distance du thorax, superficiel, et semblant se produire sous l'oreille qui ausculte. C'est un souffle systolique prolongé, couvrant complètement le premier bruit du cœur, se continuant pendant le petit silence et parfois même masquant le deuxième bruit que l'on ne retrouve qu'on appliquant le stéthoscope en d'autres points de la région précordiale. De son foyer maximum, il se propage, sans l'atteindre, vers la partie interne de la clavicule gauche. Il diminue et disparaît à mesure qu'on se rapproche, à droite, du foyer des bruits de l'aorte. On l'entend parfois, mais de plus en plus atténué, vers la pointe ; exceptionnellement, grâce à des indurations pulmonaires concomitantes, il s'entend dans une grande partie de la poitrine. Les variations de position et les mouvements respiratoires déterminent de notables modifications du souffle : il est plus intense dans la position horizontale et diminue dans la position assise ; dans l'expiration forcée, il diminue et peut même disparaître. Nous avons vu qu'il est habituellement accompagné d'un *frémissement cataire* systolique et ayant le même maximum que lui. Parfois, en raison de la dilatation concomitante de l'artère, on perçoit au même niveau un soulèvement synchrone à la systole.

Ces caractères manquent totalement dans un autre souffle systolique du foyer pulmonaire et qu'il importe de savoir bien distinguer du souffle de rétrécissement : c'est un *souffle anorganique*, décrit par Duroziez dans l'anémie et la chlorose. En raison de son siège, il est souvent désigné sous le nom de *souffle pré-infundibulaire*, ou de *souffle anémique de la base*. Il commence exactement avec le premier temps et remplit les trois quarts environ du petit silence. Lorsque le cœur est assez lent, on peut remarquer qu'il est suivi d'un second souffle très court, lequel se termine net sur le second bruit. Il s'agit en réalité d'un bruit de va-et-vient (Tripier et Devic, Gallavardin). Son timbre un peu rude pourrait le faire confondre avec un frottement péricardique si le grand silence ne restait pas toujours libre de tout bruit. Il ne s'accompagne, comme nous l'avons dit, ni de thrill, ni d'impulsion localisée.

Souffle diastolique. — Le souffle diastolique de l'artère pulmonaire est dû à l'insuffisance de ses valvules sigmoïdes, affection rare et assez souvent méconnue. Le diagnostic n'en est cependant pas impossible, puisque Barié a pu en réunir une dizaine de cas reconnus pendant la vie et confirmés par l'autopsie. C'est un

souffle doux, aspiratif comme celui de l'insuffisance aortique, quelquefois musical ; il siège
à la partie interne du 2e espace intercostal gauche et se propage dans la direction de l'appendice xiphoïde. Léonard Roger a constaté que
lorsque le ventricule droit, très dilaté, refoule
tout à fait en arrière le ventricule gauche, le
souffle d'insuffisance pulmonaire semble se propager directement à la pointe. Dans plus de la
moitié des cas, il y a simultanément un souffle
systolique dû au rétrécissement concomitant.

L'insuffisance pulmonaire peut être organique
ou relative, c'est-à-dire fonctionnelle : Ainsi en
est-il parfois dans le rétrécissement mitral, la
stase de la petite circulation entraînant la dilatation de l'artère pulmonaire et de son orifice
(Pawinski, J. Barr, Gouget). Le souffle de l'insuffisance fonctionnelle diffère de celui de l'insuffisance organique par sa variabilité.

SOUFFLE DE ROGER
(COMMUNICATION INTERVENTRICULAIRE)

Henri Roger a décrit, comme signe de la communication interventriculaire par inachèvement
de la cloison, un souffle dû au passage, pendant
la systole, d'une certaine quantité de sang du
ventricule gauche dans le ventricule droit. C'est

un souffle invariable, intense, rude, à tonalité haute, semblant se produire directement vers l'oreille d'arrière en avant (Potain). Il siège à la partie interne du 3° espace intercostal gauche ou au niveau de la 4e articulation chondro-sternale du même côté, occupant parfois tout le milieu de la région précordiale. Il se distingue des autres souffles organiques par ce siège et par sa propagation transversale. Unique et très prolongé, il commence avec la systole et couvre toujours les deux bruits normaux. Il coïncide souvent, mais non constamment avec un frémissement cataire qui présente la même localisation que lui.

La communication interventriculaire dont il est le signe, est une anomalie congénitale souvent isolée ou associée au contraire au rétrécissement de l'artère pulmonaire ; dans ce dernier cas, le souffle de Roger n'est qu'un des éléments sémiologiques de la maladie bleue ou cyanose congénitale.

CHAPITRE VI

—

BRUITS PÉRICARDIQUES

BRUITS DE FROTTEMENT PÉRICARDIQUE

Le frottement péricardique est dû à la présence, sur les feuillets du péricarde, des exsudations fibrineuses ou néo-membraneuses d'origine inflammatoire qui caractérisent la péricardite sèche. De cet état inégal de leurs surfaces résulte, quand elles glissent l'une sur l'autre, *le bruit de frottement.*

Décrit par Collin, élève de Laënnec, puis par Bouillaud, le bruit de frottement se présente avec des caractères de timbre, d'intensité et de rythme essentiellement variables. Dans sa forme la plus commune, il peut être comparé à un *bruit de frôlement,* de *frou-frou* analogue à celui que l'on produit en froissant une étoffe de soie, ou le papier neuf des billets de banque (Bouillaud). Le bruit de frôlement appartient à la péricardite naissante « lorsque les feuillets opposés du péricarde, secs et un peu poisseux, ne sont pas encore tapissés de fausses membranes ou ne commencent qu'à s'en recouvrir » ; le bruit de frou-frou, aux cas « où les feuillets du péricarde sont revêtus de fausses membranes épaisses, aréolées, inégales et raboteuses » (Bouillaud). Plus rarement, le frottement donne l'impression de « cri du cuir d'une selle neuve sous le cavalier » (Laënnec), d'où le nom de *bruit de cuir neuf*. Bouillaud a encore signalé le *bruit de râclement*, qui paraît résulter de plaques calcaires ou fibrocartilagineuses frottant contre le feuillet extérieur pendant les mouvements du cœur. Enfin Guéneau de Mussy a décrit un *bruit de râpe à saccades nombreuses et rapprochées*. ce qui veut dire que le bruit perçu par l'oreille est la résultante de petits frottements multiples. Cette sorte de décomposition est un des caractères importants du frottement, les surfaces enflammées et rugueuses du péricardes ne touchant pas au même moment dans tous les points du cœur.

Le frottement péricardique est ordinairement double, véritable *bruit de va-et-vient* semblant correspondre à la systole et à la diastole, mais toujours plus fort pendant la première.

Une auscultation attentive montre d'ailleurs que, si les frottements sont associés aux mouvements du cœur, ils ne sont pas en relation étroite avec ses bruits. Ils sont à côté de ces bruits (Sibson) ou à cheval sur eux (Gubler), les frottements ne pouvant se produire que lorsque les surfaces accolées se sont lâchées, c'est-à-dire lorsqu'il y a déjà un commencement d'évacuation systolique ou de réplétion diastolique ; ils. sont donc mésosystoliques et mésodiastoliques.

Quelquefois le frottement n'existe que pendant un seul temps et alors généralement pendant la systole. On peut cependant le trouver uniquement dans la diastole, et l'erreur est possible alors, surtout si son timbre est doux, avec le souffle d'insuffisance aortique. Parfois la péricardite sèche se révèle par un *triple* et même *quadruple bruit*, dû à des frottements successifs se produisant pendant la systole et la diastole, non seulement des ventricules, mais aussi des oreillettes (Traube, Sansom).

Le *siège* du frottement est habituellement la partie moyenne de la région précordiale, au niveau du 3e espace intercostal (Potain) ; d'autres fois, on le trouve au niveau de l'aorte ou de l'artère pulmonaire, plus rarement à la pointe.

Dans les cas légers, il est entendu dans une région limitée : il naît et meurt sur place (Jaccoud), et cette absence de propagation est caractéristique. Dans des cas plus rares, le frottement peut se propager et s'entendre jusque dans le dos. Mais il faut, pour cela, que le tissu pulmonaire voisin soit induré ou congestionné, et que les battements du cœur soient en même temps très énergiques.

C'est que l'*intensité* du frottement dépend, en effet, pour une grande part, de l'activité cardiaque. Suivant la remarque de Lépine, « sans un cœur fort, pas de frottement ; avec un gros cœur, frottement énergique même avec des exsudats ». Mais le fait est rare : le frottement est plus souvent léger et demande à être cherché. Ainsi en est-il en particulier chez les enfants. Il est cependant toujours très net chez eux, en cas de péricardite rhumatismale ; par contre, il manque régulièrement dans la péricardite purulente à pneumocoques (Poynton). Sa disparition rapide chez l'adulte doit être souvent considérée comme un signe de faiblesse cardiaque, particulièrement grave au cours de la péricardite brightique (Rénon).

La *variabilité* du frottement est un de ses principaux caractères. Il faut savoir tout d'abord que la péricardite peut ne durer que quelques heures : Une simple émission sanguine peut atténuer ou faire disparaître le frottement (Bouillaud). D'autre part, des changements de siège, de timbre, de rythme se produisent d'un jour à l'autre et même en quelques heures.

Indépendamment de ces causes spontanées, il est de nombreuses conditions qui font varier le frottement. La pression du stéthoscope aug-

mente son intensité ; quelquefois elle la diminue, surtout quand la pression est forte. L'influence de l'attitude est encore plus notable. Le
procédé classique pour renforcer le frottement
consiste à ausculter le malade assis et un peu
penché en avant.

Il faut enfin tenir compte de l'évolution de
la péricardite qui, souvent, s'accompagne d'un
épanchement liquide. Celui-ci se manifeste,
comme nous l'avons vu, par l'augmentation de
la matité précordiale, l'affaiblissement et le refoulement en haut du choc et des bruits normaux, souvent aussi par la disparition du frottement, par suite de l'interposition d'une lame de
liquide entre les surfaces tomenteuses du péricarde. Mais il faut savoir que cette disparition
du frottement est loin d'être le fait le plus général. Le liquide s'accumule en arrière du cœur
qui flotte en quelque sorte à sa surface (Huchard),
et le frottement persiste, en particulier au niveau de la base. Il s'étend de nouveau à toute
l'aire de matité cardiaque, à mesure que l'épanchement se résorbe.

BRUIT DE MOULIN

Le nom de *bruit de moulin* a été donné par
Bricheteau (1844) à un clapotement comparable

à celui que produiraient les palettes d'une roue
de moulin frappant l'eau, et ce signe était considéré par lui comme caractérisque de l'épanchement liquide et gazeux du péricarde. L'observation de Bricheteau fut confirmée par
Graves et Stokes puis par Morel-Lavallée.
P. Reynier (1880) a eu le mérite de montrer
que le même signe pouvait exister dans les
épanchements hydro-aériques extra-péricardiques, c'est-à-dire occupant la loge celluleuse
décrite par Tillaux entre la plèvre, le péricarde
et la paroi thoracique.

Le bruit de moulin peut donc se produire
toutes les fois qu'un épanchement d'air et de
liquide se trouve battu par les mouvements du
cœur. Il peut s'observer dans certaines péricardites putrides avec dégagement de gaz, à la
suite de l'ouverture dans le péricarde d'un pyo-
pneumothorax ou d'une caverne pulmonaire,
d'un cancer ou d'un ulcère du voisinage. Il peut
être enfin la conséquence d'une fracture de côte
ou d'une plaie pénétrante de poitrine : il s'agit
alors d'un mélange d'air et de sang.

Les caractères du bruit de moulin sont d'ailleurs
variables suivant la prédominance du liquide ou
du gaz, ou au contraire l'intime mélange des deux
dans l'épanchement. S'il y a prédominance du
liquide. l'oreille perçoit surtout un bruit de cré-
pitation, de gargouillement métallique (Stokes).

Si ce sont les gaz qui sont en plus grande abondance, les bruits normaux du cœur, ou les frottements péricardiques, s'ils coexistent, prennent une consonance métallique (bruit de carillon de Friedreich). Le bruit de roue hydraulique s'entend quand le liquide et l'air sont plus ou moins mélangés.

Perçus à distance et par le malade lui-même, ces bruits sont habituellement synchrones avec la systole du cœur, ou continus avec renforcement systolique. Ils changent d'un moment à l'autre, suivant les proportions du gaz et du liquide, et durent, en général, très peu de jours. On peut observer aussi du tintement métallique, et la percussion révèle un son tympanique de la région précordiale, parfois le bruit de pot fêlé.

Il sera facile de distinguer le bruit de moulin des signes analogues dus à un pneumothorax localisé au voisinage du cœur : dans ce dernier cas, les bruits métalliques dépendent surtout des mouvements respiratoires.

Il est plus délicat et plus important de distinguer le bruit de moulin intra et extra-péricardique, ce dernier ayant un pronostic infiniment moins grave. Or, il résulte des observations et des expériences de P. Reynier que le bruit de moulin extra-péricardique disparaît quand le sujet est assis, pour reparaître dans le décubitus dorsal. Par contre, lorsqu'il y a épanchement intra-péricardique, le bruit s'entend dans les deux positions.

L'explication du phénomène est facile. Dans l'épanchement extra-péricardique, si le malade s'assied, les gaz tendent à gagner les parties les plus élevées, et le cœur se rapprochant de la paroi ne bat plus dans un milieu hydro-aérique.

La disparition du bruit de moulin en position assise n'a d'ailleurs pas de valeur absolue, car elle peut se voir dans les larges plaies du péricarde. Mais il y a toujours en pareil cas coïncidence de troubles cardiaques qui font défaut dans l'épanchement extra-péricardique et, plus tard, si la guérison a lieu, apparition de frottements péricardiques.

TROISIÈME PARTIE

MÉTHODES
D'EXPLORATION NOUVELLES

Ces méthodes, récemment découvertes ou plus spécialement mises en œuvre dans ces dernières années en vue de l'exploration du cœur, sont la *radioscopie*, la *méthode graphique*, et l'*électrocardiographie*. Elles ne sont généralement utilisées que pour confirmer les renseignements fournis par les méthodes classiques, mais il est des cas cependant où, seules, elles pourront prouver l'existence d'un anévrysme aortique, ou faire connaître la nature d'un ralentissement du pouls.

L'étude de la méthode radioscopique et de l'électrocardiographie fera l'objet des deux chapitres suivants. Étant donnés les rapports intimes qui unissent l'étude des arythmies et celle des tracés cardiovasculaires, nous avons cru devoir reporter l'exposé de la méthode graphique au tome second de cet ouvrage.

CHAPITRE PREMIER

—

RADIOSCOPIE

Les rayons X à peine découverts furent appliqués à la *radiographie* du cœur et des gros vaisseaux. Mais l'épreuve obtenue sur papier sensible était difficile à interpréter : la durée de pose, qui atteignait quelques minutes, ne permettait pas d'obtenir des lignes précises en raison des mouvements respiratoires, ainsi que des contractions et des expansions successives des diverses parties du cœur.

D'autre part, l'ombre cardiaque était toujours déformée et la cause en est aisée à comprendre. Les différents rayons, tangents à la périphérie du cœur, s'échappent, en effet, d'un centre unique (l'anticatode du tube de Crookes) ; ils divergent au-delà du viscère en forme de cône et viennent toucher la plaque sensible par la base de ce cône, traçant ainsi une aire d'ombre d'autant plus agrandie que la plaque est plus distante du cœur examiné, et que l'ampoule en est plus rapprochée.

L'*examen radioscopique*, bien que ne laissant pas de témoignage permanent, n'en présentait pas moins déjà une grande supériorité sur la radiographie. Il laissait percevoir sur l'écran les contractions des ventricules, voire même des oreillettes, et l'expansion systolique des gros vaisseaux. Mais la déformation persistait, et les rayons X n'entrèrent réellement dans la pratique qu'à partir de la découverte du *procédé ortho-diagraphique*.

Il en existe plusieurs dispositifs, dont le trait commun est qu'ils permettent de dessiner le pourtour de l'ombre cardiaque en se servant de rayons tous parallèles et tous perpendiculaires à l'écran. Dans l'appareil de Moritz, le plus généralement répandu, l'anticatode et le centre de l'écran sont montés sur une armature de telle manière que ces deux points se déplacent toujours simultanément, et toujours dans un même plan perpendiculaire aux rayons utilisés de l'ampoule.

Le sujet à examiner se place entre l'ampoule et l'écran et l'opérateur n'a qu'à mouvoir, à l'aide de l'armature qui les supporte, l'ampoule productrice de rayons : ces derniers restent toujours, pour les différents points du contour cardiaque, perpendiculaires à l'écran et parallèles entre eux. Il ne reste plus qu'à noter, sur une feuille de papier superposée à l'écran, les principaux repères, et à les réunir par une courbe qui donnera la silhouette exacte du cœur examiné. La méthode est simple et ne demande que quelques semaines de pratique, nécessaires surtout pour habituer les yeux aux moindres variations d'ombre.

Examen orthodiagraphique en position frontale. — Le malade étant examiné en décubitus dorsal, on note le point épisternal et l'appendice xyphoïde, les lignes extérieures du thorax, le diaphragme dans sa position d'inspiration normale. L'ombre du cœur est ensuite délimitée par une série de courbes (*fig.* 16) (¹).

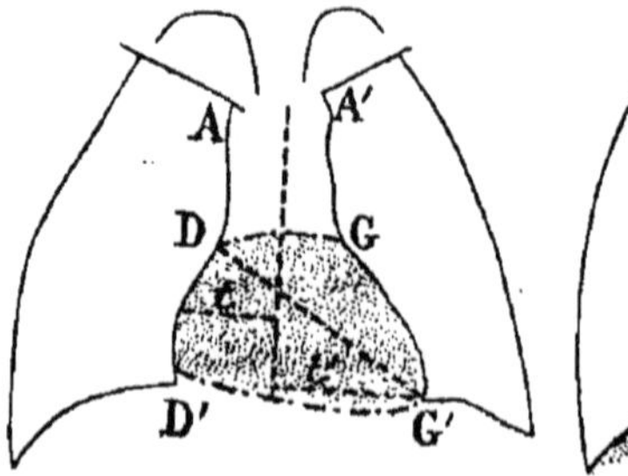

Fig. 16. — Orthodiagraphie du cœur normal d'un homme de 18 ans, en position frontale (réduction au 1/7ᵉ).

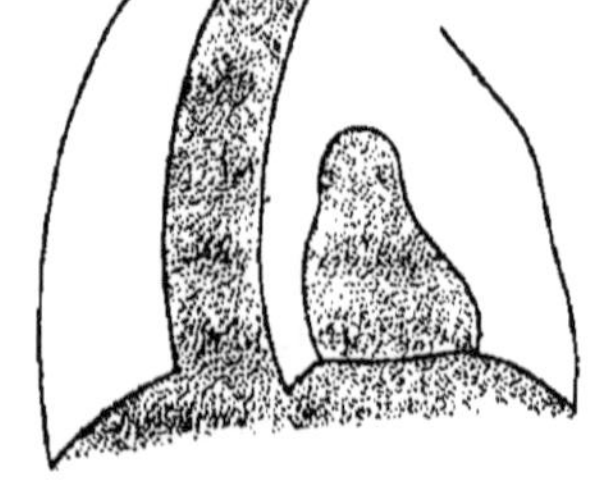

Fig. 17. — Même sujet, en position oblique postérieure droite.

A droite, on relève une courbe, convexe en dehors, qui s'élève de l'ombre hépatique en D' jusqu'au point D où elle change de direction

---

(¹) Nous tenons à remercier particulièrement MM. Vaquez et Bordet qui nous ont obligeamment communiqué ces décalques orthodiagraphiques. Le Dʳ Bordet a bien voulu revoir les épreuves de ce chapitre et nous prêter l'appui de sa compétence spéciale.

pour devenir la verticale DA : la partie DD' correspond au bord externe de l'oreillette droite, DA au bord droit de l'ombre aortique.

A gauche, l'ombre du cœur quitte le diaphragme en G', qui correspond à la région de la pointe. Cette ombre se dirige obliquement vers le haut et vers la droite jusqu'en G où elle se relève verticalement : G'G indique le bord externe du ventricule gauche, GA' répond à l'artère pulmonaire, puis à la crosse aortique.

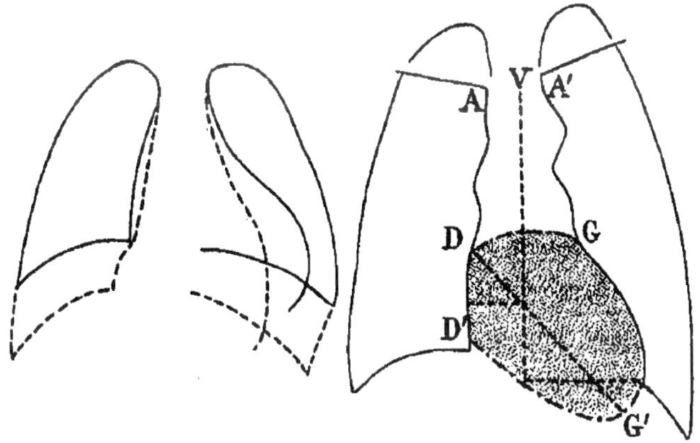

Fig. 18. — Orthodiagraphie en position horizontale (trait plein), et en position verticale (trait pointillé) (d'après Galli).

Fig. 19. — Insuffisance aortique et athérome chez un homme de 39 ans.

On note le siège exact de D et de G, en observant les points où cessent les rétractions systoliques des ventricules et de l'oreillette droite, et au-dessus desquels commence le mouvement d'expansion des gros vaisseaux. Il suffit de tracer la ligne DG pour séparer le cœur des vaisseaux. Cette ligne s'élève normalement de la droite vers la gauche. Quant à la limite inférieure du cœur, elle se confond avec l'ombre du foie. La pointe, assez difficile à voir à cause de ses mouvements rapides, est ordinairement un peu plus basse que le choc tel que le localise la palpation (Moritz).

On mesure sur la figure ainsi délimitée le *diamètre longitudinal* DG′, et le *diamètre horizontal*. Ce dernier correspond à la plus grande largeur du cœur, ordinairement mesurée sur deux lignes parallèles, mais de niveau différent ($t + t'$ sur la *fig.* 16).

L'image orthodiagraphique se modifie quelque peu lorsqu'on fait passer le sujet de la position couchée à la verticale. La *fig.* 18 montre que, dans cette altitude, le cœur devient plu vertical et moins étalé. Aussi est-il toujours nécessaire, quand on veut obtenir une image orthodiagraphique comparable au tracé fourni par la percussion, de faire coucher le malade sur un lit de sangle. On constate, en général, que l'orthodiagraphie reproduit avec une approximation remarquable le tracé obtenu par la recherche de la *matité relative*. Il n'existe un certain écart entre les résultats des deux méthodes que pour le tracé du bord de l'oreillette droite, et plus encore du bord droit des gros vaisseaux. Pour le reste du contour cardiaque, l'identité des deux lignes est souvent absolue, et celui qui prend la peine de perfectionner sa percussion par des comparaisons fréquentes avec les relevés orthodiagraphiques, finit par arriver à une précision presque parfaite.

Examen orthodiagraphique en position oblique. — Cet examen se pratique sur le malade debout. Si nous prenons, par exemple, la position oblique postérieure droite, nous voyons que l'omoplate droite du malade est maintenue au contact de l'écran; son omoplate gauche s'en éloigne suivant un angle de 45°. On aperçoit, en arrière, l'ombre de la colonne vertébrale, toujours séparée du cœur par un espace clair allongé verticalement (*espace clair rétrocardiaque*). En avant du cœur est un autre espace clair dit *rétrosternal*. Quant à l'ombre cardiaque, elle comprend deux zones (*fig.* 17) : une zone inférieure large, formée par les ventricules, et sur une partie de son bord postérieur, par l'oreillette gauche. La zone supérieure, plus étroite, est formée par la crosse aortique.

Les renseignements obtenus en cette position s'ajoutent utilement à ceux que donne l'examen en position frontale (Vaquez et Bordet). Ils sont particulièrement précieux en ce qui concerne les dimensions de l'oreillette gauche, car, contrairement à ce qu'ont admis certains auteurs, il est généralement impossible de se faire la moindre idée du volume de cette dernière par le seul examen frontal.

Modifications physiologiques de l'image orthodiagraphique. — La précision des relevés orthodiagraphiques a permis à Moritz et à Dietlen de constater que l'aire de projection cardiaque augmentait régulièrement avec le poids du corps, selon une progression un peu moins rapide cependant que celle de ce dernier. Il n'existe, par contre, aucune proportion régulière entre les dimensions de l'aire cardiaque et la taille du sujet examiné.

L'aire cardiaque est nettement accrue chez les sujets soumis à des efforts musculaires habituels (professions manuelles, sports, etc.). Schieffer a constaté qu'elle augmentait au bout de quelques mois d'entraînement militaire.

La grossesse en augmente légèrement les dimensions, tout en l'élevant et en la rendant plus transversale (Dietlen).

Chez certains jeunes gens à thorax mal développé, et où la pointe paraît abaissée au palper, l'ombre cardiaque occupe une zone étroite, presque médiane (*cœur en goutte*).

Modifications pathologiques de l'image orthodiagraphique. — L'ombre cardiaque peut être déformée et déplacée par certaines affections intra-thoraciques : c'est ainsi que la pleurésie droite repousse le cœur à gauche, quelquefois jusqu'au contact du gril costal. Les déviations consécutives à la pleurésie gauche sont moins étendues. D'après Dietlen, les déplacements les plus prononcés se verraient en cas de pneumo-thorax unilatéral.

L'épanchement péricardique donne à l'écran une aire très large limitée par deux lignes obliques en bas, et surtout à gauche; les battements cardiaques sont extrêmement affaiblis.

Les modifications de l'aire provoquées par les lésions du cœur lui-même sont souvent assez nettes pour apporter une aide utilisable au diagnostic de ces lésions. Les *fig.* 19 à 25 en donnent quelques exemples typiques, mais il est bon de se souvenir qu'elles ont été choisies parmi les plus caractéristiques, et que l'examen radioscopique ne fournit le plus souvent que des indications complémentaires de celles données par la palpation et par l'auscultation.

Dans l'*insuffisance aortique* (*fig.* 19), l'aire cardiaque est très augmentée de volume, sa direction générale plus verticale qu'à la normale, DG' dépasse presque toujours le diamètre transverse. La pointe est épaisse et arrondie. Ce sont là les caractères de l'hypertrophie ventriculaire gauche, tels que les montre déjà la percussion.

Dans l'*insuffisance mitrale* (*fig.* 22), la direction générale du cœur est souvent presque horizontale ; il y a augmentation du diamètre longitudinal et quelquefois aussi, à une phase avancée, du diamètre transverse.

La *sténose mitrale* donne lieu à un développement accentué de l'aire du cœur à droite de la ligne médiane, sous forme d'une courbe DD′ légèrement allongée par rapport à la normale (*fig.* 20). La ligne GG′ tend à la rectitude, et la

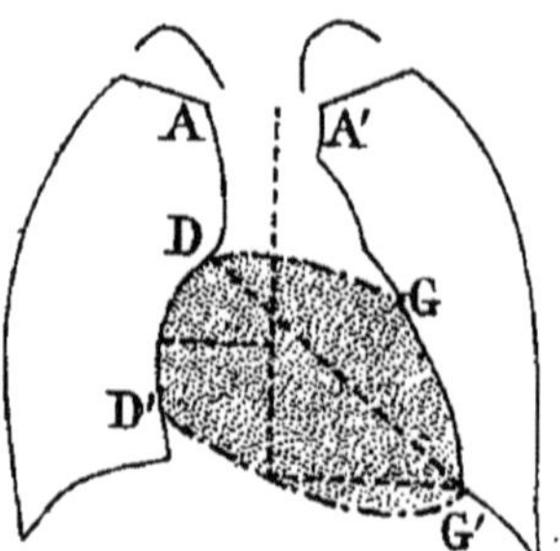

Fig. 20. — Sténose mitrale pure (jeune fille de 16 ans, position frontale).

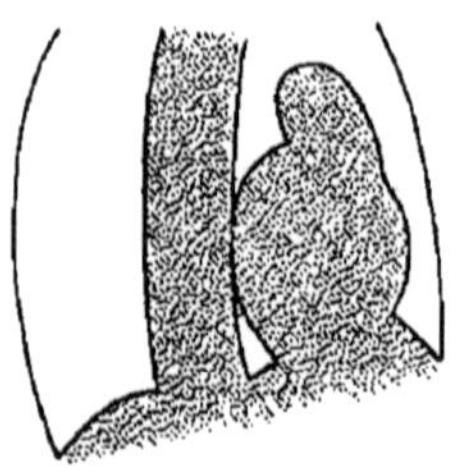

Fig. 21. — Sténose mitrale pure (même malade en position oblique postérieure droite). La percussion dorsale de l'oreillette gauche donnait 8 centimètres et demi sur 5.

pointe, plus aiguë qu'à l'habitude (*pointue*, selon l'expression de Destot), est rejetée en dedans et fortement abaissée. Ces diverses modifications semblent commandées par le grand développement de l'oreillette gauche, qui refoule l'ensemble du cœur vers la droite et vers le bas (Vaquez et Bordet).

Ces auteurs ont montré qu'on peut d'ailleurs se rendre compte directement du volume de l'oreillette gauche par l'examen en position oblique. L'ombre cardiaque apparaît très élargie d'avant en arrière, et l'espace clair rétrocardiaque beaucoup plus étroit qu'à la normale. Pour peu même que cette augmentation de volume dépasse un certain degré, la partie moyenne

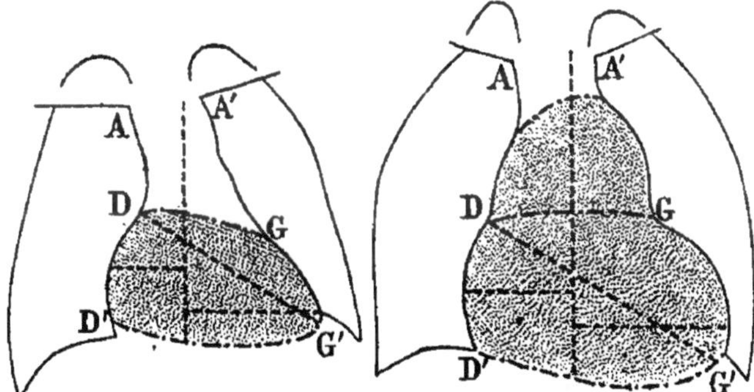

Fig. 22. — Insuffisance mitrale chez un homme de 30 ans.

Fig. 23. — Myocardite et aortite chez un homme de 65 ans (lésions confirmées à l'autopsie).

de l'ombre du cœur vient se confondre en arrière avec la colonne vertébrale (*fig.* 21). C'est chez ces mêmes malades que la percussion dorsale donne des chiffres de matité doubles des chiffres normaux.

Dans les *doubles lésions mitrales*, l'aire ventriculaire gauche, tout en gardant certains des caractères qu'elle présente dans le rétrécissement mitral pur, est dans son ensemble considérablement augmentée.

La *fig.* 23 montre l'augmentation considérable des deux diamètres qui peut résulter des *altérations scléreuses du myocarde*. L'aorte était en même temps très dilatée, débordant fortement le bord droit sternal. Son ombre était aussi plus noire qu'à l'état normal, ce dernier détail surtout visible en position oblique. Ces modifications du volume et de l'intensité de

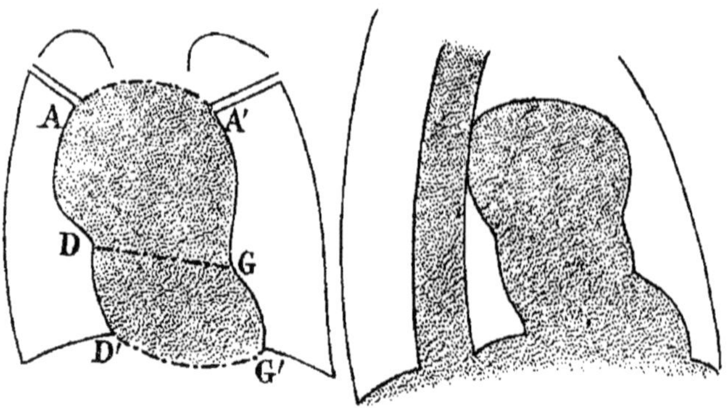

Fig. 24. — Anévrysme de l'aorte chez un homme de 50 ans (position frontale).

Fig. 25. — Même malade en position oblique postérieure droite.

l'ombre aortique rendent journellement de très grands services pour le diagnostic des *aortites chroniques*. Les signes fonctionnels de cette lésion sont très vagues et les signes physiques peuvent manquer entièrement : la percussion, en particulier, ne dénote souvent aucune modification nette de la matité rétrosternale, alors que l'orthodiagraphie permettra presque toujours d'arriver à un diagnostic précis.

Le développement de l'ombre aortique atteint un degré énorme dans les *fig.* 24 et 25 qui proviennent d'un malade porteur d'*anévrysme de la crosse.* En position frontale, on voit le cœur surmonté d'une seconde masse, plus volumineuse que le cœur lui-même, et qui, sur l'écran, était animée de pulsations systoliques bien nettes. Chez ce malade, la percussion et la palpation permettaient d'affirmer l'existence d'une ectasie, **mais il est**, en clinique, des cas fréquents où la poche anévrysmale, développée aux dépens de la crosse ou de l'aorte descendante, reste tout à fait cachée dans le thorax. A l'examen du malade, venu pour se plaindre de douleurs intercostales persistantes, on ne trouve rien par aucune des méthodes classiques. C'est alors que la radioscopie, surtout pratiquée en position oblique, pourra, le cas échéant, démontrer l'existence de la lésion; et cette constatation n'est pas indifférente, étant donnés les résultats que l'on peut parfois obtenir, à une période précoce du développement de l'anévrysme, par le traitement spécifique et ioduré.

CHAPITRE II

—

ELECTROCARDIOGRAPHIE (¹)

Le principe de cette méthode consiste à re-
cueillir les variations des courants électriques
provoqués par la contraction cardiaque. L'existence de ces courants a été prouvé par Kölliker
pour les contractions du cœur isolé de la gre-
nouille, et Marey eut le premier l'idée d'en
prendre l'image photographique. Mais on se
heurtait, pour l'application de cette méthode
chez l'homme, à une grande difficulté : le
manque d'un galvanomètre assez sensible pour
enregistrer, sans retard, les variations les plus
minimes du courant électrique ainsi produit.

Aussi l'électrocardiographie clinique pro-
cède-t-elle tout entière de l'invention, par Einthoven (de Leyde), du galvanomètre à corde.

(¹) Le lecteur trouvera un exposé très complet de
la question dans le mémoire de M. Mendelssohn : *De
l'électrocardiogramme chez l'homme à l'état normal
et pathologique* (Arch. des maladies du cœur, des
vaisseaux et du sang, décembre 1908).

C'est un fil de quartz argenté, de 3 μ de diamètre, tendu entre les deux pôles d'un puissant
électro-aimant, et réuni par ses extrémités aux
électrodes exploratrices. Chaque fois qu'un courant vient à le traverser, ce fil se déplace dans
le champ magnétique, ces déplacements étant
proportionnels à l'intensité du courant. L'ombre
du fil en vibration, grossie 3oo fois, est projetée
sur une fente derrière laquelle se déroule une
feuille de papier sensible. On obtient ainsi une
courbe qui enregistre, par ce procédé ingénieux,
les systoles successives des oreillettes et des ventricules.

En pratique, on recueille le courant de la
contraction cardiaque par le procédé de Waller,
c'est-à-dire en faisant plonger les deux mains
du sujet examiné dans des vases remplis d'eau
salée où baignent deux électrodes.

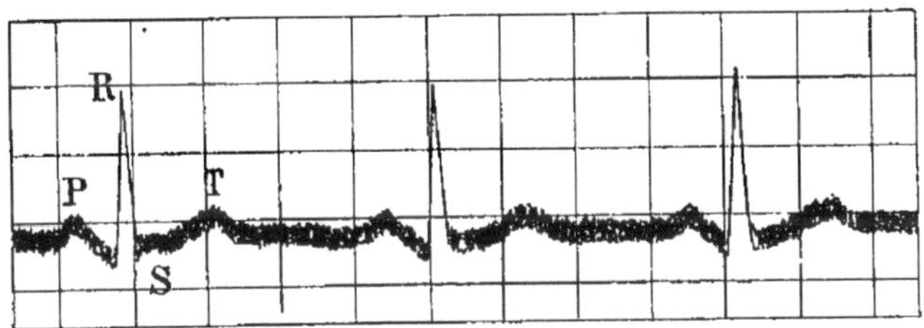

Fig. 26. — Électrocardiogramme normal (d'après Einthoven).

La *fig.* 26 reproduit un tracé électrocardiographique normal : l'élévation P correspond à
la systole de l'oreillette. R, qui la suit, représente

le début de la systole ventriculaire. Puis vient
une dépression S, normalement à peine in-
diquée, et une nouvelle élévation T, encore
située dans la systole (¹). Hering a obtenu un
tracé tout à fait semblable sur le cœur mis à
nu d'un animal curarisé ; de même, Hoffmann
chez un malade dont le plan costal avait été ré-
séqué chirurgicalement.

Les avantages de la méthode sont aisés à comprendre : l'électrocardiogramme présente sur
l'inscription graphique du choc de la pointe cette
première supériorité de ne comporter aucune
erreur pouvant être due à une application vi-
cieuse de l'explorateur. Il permet de plus d'étudier séparément la fonction des ventricules et
celle des oreillettes. Or nous savons combien
rares et insuffisants sont les renseignements
que les méthodes classiques nous donnent sur
la fonction auriculaire. Nous verrons que les
tracés jugulaires, souvent difficiles à prendre,

(¹) Kraus et Nicolaï pensent que R correspond à la
contraction des piliers et de la région de la pointe,
par où commence, comme on sait, la systole ventriculaire. T répondrait, au contraire, à la dernière partie
de cette systole, c'est-à-dire à la contraction des fibres
transversales de la base. Ces auteurs ont pu obtenir,
chez le chien, la dissociation des contractions des deux
cœurs, et constater de la sorte que chaque ventricule présente son électrocardiogramme spécial et de
forme caractéristique.

ne nous fournissent sur ce point que des indications indirectes. On peut dire, au contraire, de la méthode d'Einthoven qu'elle supprime, pour l'observateur, la paroi thoracique, et qu'elle constitue le procédé de choix pour mesurer le temps qui sépare la contraction de l'oreillette de celle du ventricule. Nous rencontrerons des applications très intéressantes de cette méthode dans l'étude de certaines arythmies.

Les modifications qu'impriment à la courbe électrocardiographique les principales lésions cardiaques sont assez caractéristiques pour permettre parfois le diagnostic par le seul examen du tracé.

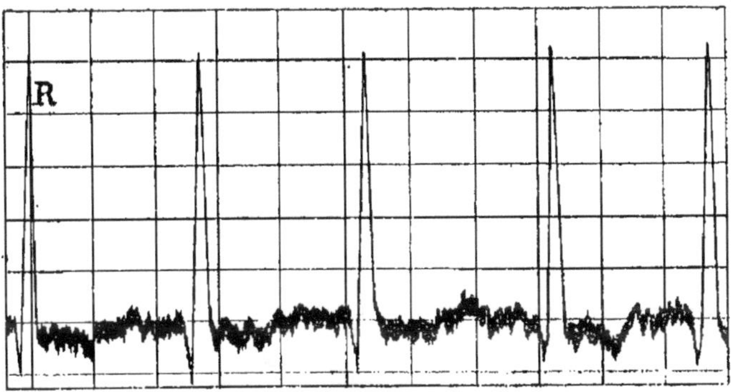

Fig. 27. — Électrocardiogramme d'un malade atteint d'insuffisance mitrale (Einthoven).

L'*insuffisance mitrale* (*fig.* 27) se traduit par un sommet R très accusé, indiquant un renforcement de la systole ventriculaire dont l'action se perd en partie par suite de la fuite valvulaire.

L'insuffisance aortique (*fig.* 28) donne, au contraire, un R peu marqué, mais une dépression S accusée au point que le tracé semble inverse du type normal.

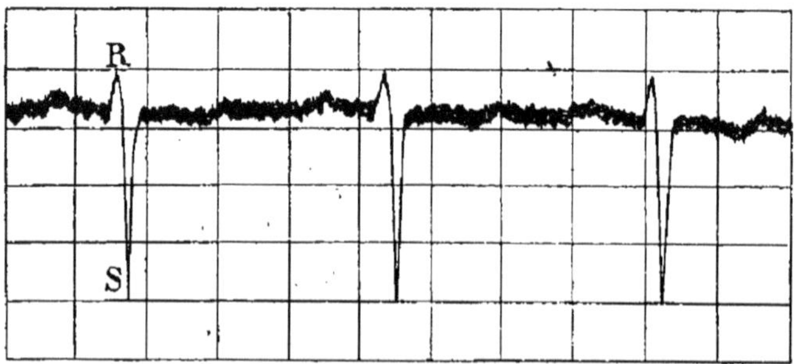

Fig. 28. — Électrocardiogramme d'insuffisance aortique (Einthoven).

Le *rétrécissement mitral* (*fig.* 29) se caractérise par une élévation P très prononcée qui

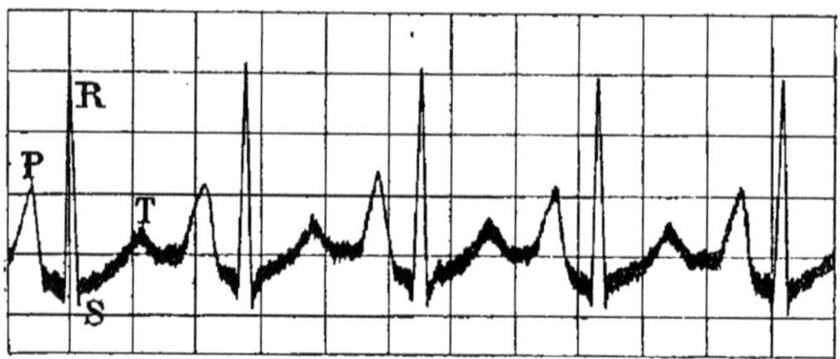

Fig. 29. — Électrocardiogramme de rétrécissement mitral
(Einthoven).

tient au renforcement de la systole auriculaire, tous les autres accidents du tracé restant sans modifications notables.

Il ne faut pas perdre de vue, d'ailleurs, que ces modifications de la courbe, dont nous ne connaissons encore que les plus habituelles, ne correspondent aux lésions valvulaires qu'indirectement, et qu'elles indiquent seulement les modifications que ces lésions provoquent du côté du myocarde. Aussi l'électrocardiographie, quelqu'intéressants que soient ses renseignements, ne remplacera-t-elle jamais, abstraction faite même de ses difficultés de technique, les méthodes classiques d'examen du cœur.

TABLE DES MATIÈRES

—

SAINT AMAND (CHER). — IMPRIMERIE BUSSIÈRE

Aide-Mémoire
de Thérapeutique

PAR

G.-M. DEBOVE
Doyen honoraire de la Faculté
de Médecine de Paris
Professeur de Clinique médicale.

G. POUCHET
Professeur de Pharmacologie
et de Matière médicale
à la Faculté de Médecine de Paris

A. SALLARD
Ancien interne des Hôpitaux

1 vol. in-8° de VIII-790 pages, relié toile. . . . . **16 fr**

Traité élémentaire
de Clinique Médicale

Par G.-M. DEBOVE
Doyen de la Faculté de Médecine de Paris, Professeur de Clinique médicale
Médecin des Hôpitaux, Membre de l'Académie de Médecine.

et A. SALLARD
Ancien interne des Hôpitaux

1 vol. grand in-8° de 1296 pages avec 275 figures, relié toile. **25 fr.**

TRAITEMENT RATIONNEL
DE LA PHTISIE

Par le D^r Ch. SABOURIN
Directeur du Sanatorium de Durtol

TROISIÈME ÉDITION, REVUE ET AUGMENTÉE

1 vol. in-16 de VIII-328 pages, relié toile anglaise souple. . . . . . . **4 fr.**

Parenchyme hépatique
et Bourgeon biliaire

ÉTUDES SUR LE FOIE NORMAL ET PATHOLOGIQUE

PAR

Émile GÉRAUDEL
Chef de laboratoire à l'Hôpital de la Pitié.

1 vol. grand in-8°, de IX-527 pages, avec 89 figures dans le texte . . . . **15 fr.**

Manuel des Maladies
du Tube Digestif

PUBLIÉ SOUS LA DIRECTION DE MM.

G.-M. DEBOVE
Doyen de la Faculté de Médecine, Membre de l'Académie de Médecine.

Ch. ACHARD	J. CASTAIGNE
Professeur agrégé à la Faculté	Professeur agrégé à la Faculté
Médecin des hôpitaux.	Médecin des hôpitaux.

TOME I : **Bouche, Pharynx, Œsophage, Estomac,** par
MM. G. PAISSEAU, F. RATHERY, J.-Ch. ROUX.
1 vol. grand in-8° de 725 pages, avec figures dans le texte. **14** fr.

TOME II : **Intestin, Péritoine, Glandes salivaires, Pancréas,** par MM. M. LŒPER, Ch. ESMONET, X. GOURAUD, L.-G. SIMON,
L. BOIDIN et F. RATHERY.
1 vol. gr. in-8° de VIII-808 pages, avec 116 figures dans le texte. **14** fr.

TOME III : **Foie et annexes, Rate** (*sous presse*).

Manuel des Maladies des Reins
et des Capsules surrénales

SOUS LA DIRECTION DE **MM. Debove, Achard et Castaigne**
Par J. CASTAIGNE, E. FEUILLÉE, A. LAVENANT,
M. LŒPER, R. OPPENHEIM, F. RATHERY.

1 vol. grand in-8°, de VIII-792 pages, avec fig. dans le texte. **14** fr.

Traité des Maladies de l'Enfance

Deuxième édition, revue et augmentée, publiée sous la direction
de MM. **J. GRANCHER,** professeur à la Faculté de Paris, et
J. COMBY, médecin de l'hôpital des Enfants-Malades, *5 volumes
grand in-8°, avec figures* . . . . **112** fr.

TOME I. — Physiologie et Hygiène de l'Enfance. Maladies infectieuses.
Maladies générales de nutrition. Intoxications . . . . **22** fr.
TOME II. — Maladies du tube digestif. Maladies du pancréas. Maladies
du péritoine. Maladies du foie. Rate et ses maladies. Maladies des
capsules surrénales. Maladies génito-urinaires. . . . . . . **22** fr.
TOME III. — Maladies de l'appareil respiratoire. Maladies de l'appareil
circulatoire . . . . **22** fr.
TOME IV. — Système nerveux. Maladies de la peau . . . . . **22** fr.
TOME V. — Maladies du fœtus et du nouveau-né. Organes des sens.
Maladies chirurgicales. Thérapeutique. Formulaire. . . . . **24** fr.

COLLECTION DE PRÉCIS MÉDICAUX

(VOLUMES IN-8°, CARTONNÉS TOILE ANGLAISE SOUPLE)

Sous presse :

Parasitologie, par **E. BRUMPT**, professeur agrégé à la Faculté de médecine de Paris.

Déjà publiés :

Introduction à l'étude de la Médecine,

par **G.-H. ROGER**, professeur à la Faculté de Paris. *4ᵉ édition, entièrement revue.* . . . . **10** fr.

Physique biologique, par **G. WEISS**, professeur agrégé à la Faculté de Paris, *avec 543 fig.* **7** fr.

Physiologie, par **Maurice ARTHUS**, professeur à l'Université de Lausanne. *3ᵉ édition, avec 286 figures en noir et en couleurs.* . . . . **10** fr.

Chimie physiologique, par **M. ARTHUS**. *6ᵉ édition, avec 118 figures et 2 planches en couleurs.* . . . . **6** fr.

Dissection, par **P. POIRIER**, professeur, et **A. BAUMGARTNER**, ancien prosecteur à la Faculté de Paris, *2ᵉ édition revue et augmentée, avec 241 figures.* . . . . **8** fr.

Microbiologie clinique, par **F. BEZANÇON**, agrégé à la Faculté de Paris. *Deuxième édition entièrement revue (Sous presse).*

Examens de Laboratoire *employés en clinique*, par **L. BARD**, professeur à l'Université de Genève, avec la collaboration de MM. **G. MALLET** et **H. HUMBERT**, *avec 138 fig.* . . . . **9** fr.

Diagnostic médical et **Exploration clinique**, par **P. SPILLMANN** et **P. HAUSHALTER**, professeurs, et **L. SPILLMANN**, professeur agrégé à la Faculté de Nancy, *avec 153 fig. en noir et en couleurs.* . . . . **7** fr.

Médecine infantile, par **P. NOBÉCOURT**, professeur agrégé à la Faculté de Paris, *avec 77 fig. et une planche en couleurs.* . . . . **9** fr.

Chirurgie infantile, par **E. KIRMISSON**, professeur à la Faculté de Paris, *avec 462 fig.* **12** fr.

Médecine légale, par **A. LACASSAGNE**, professeur à l'Université de Lyon, *2ᵉ édition entièrement revue avec 112 fig. et 2 planches en couleurs* . . . . **10** fr.

RÉCENTES PUBLICATIONS (Octobre 1909)

COLLECTION DE PRÉCIS MÉDICAUX *(Suite)*

Ophtalmologie, par **V. MORAX**, ophtalmologiste de l'hôpital Lariboisière, *avec 339 figures et 3 planches en couleurs* . . . . **12** fr.

Dermatologie, par **J. DARIER**, médecin de l'hôpital Broca, *avec 122 figures.* . . . . **12** fr.

Pathologie exotique, par **E. JEANSELME**, agrégé à la Faculté de Paris, Médecin des hôpitaux, et **E. RIST**, médecin des hôpitaux de Paris, *avec 160 figures et 2 planches en couleurs* . . . . **12** fr.

Thérapeutique et Pharmacologie, par **A. RICHAUD**, professeur agrégé à la Faculté de Paris, *avec figures* . . . . **12** fr.

Précis de
Pathologie Chirurgicale

PAR MM.

BÉGOUIN, BOURGEOIS, PIERRE DUVAL, A. GOSSET, JEANBRAU
LECÈNE, LENORMANT, R. PROUST, TIXIER

4 volumes in-8°, cartonnés toile anglaise.

TOME I. — Pathologie chirurgicale générale
Maladies générales des Tissus,
Crâne et Rachis

Par MM. **P. LECÈNE**, **R. PROUST**, Professeurs agrégés à la Faculté de Paris, chirurgiens des Hôpitaux, et **L. TIXIER**, Professeur agrégé à la Faculté de Lyon, chirurgien des hôpitaux.

1 volume in-8° de XVI-1028 pages, avec 349 figures. . . . . . . **10** fr.

TOME II. — Tête, Cou, Thorax

Par MM. **H. BOURGEOIS**, Oto-rhino-laryngologiste des Hôpitaux de Paris, et **Ch. LENORMANT**, Professeur agrégé à la Faculté de Paris, Chirurgien des Hôpitaux.

1 volume in-8° de XII-984 pages, avec 312 figures. . . . . . . **10** fr.

Sous presse :

TOME III. — **GLANDES MAMMAIRES, ABDOMEN**, par MM. **Pierre Duval, A. Gosset, P. Lecène, Ch. Lenormant.**

TOME IV. — **ORGANES GÉNITO-URINAIRES, MEMBRES**, par MM. **P. Bégouin, E. Jeanbrau, R. Proust, L. Tixier.**

Traité de Chimie Minérale

PUBLIÉ SOUS LA DIRECTION DE **HENRI MOISSAN**, Membre de l'Institut.

5 forts volumes grand in-8°, avec figures. . . . . . **150** fr.

Chaque volume est vendu séparément

Tome 1 (*complet*). **Métalloïdes. 28** fr. — Tome II (*complet*). **Métal-loïdes. 22** fr. — Tome III (*complet*). **Métaux. 34** fr. — Tome IV (*complet*). **Métaux. 36** fr. — Tome V (*complet*). **Métaux 34** fr.

Vient de paraître :

Traité d'Analyse chimique quantitative,

par **R. FRESENIUS**, *Huitième édition française*, d'après la *sixième édition allemande*, revue et mise au courant des travaux les plus récents par le Dr **L. Gautier**. 2 vol. in-8°, formant ensemble xii-1652 pages, avec 430 fig. dans le texte. . . . . **18** fr.

Traité d'Analyse chimique qualitative,

par **R. FRÉSÉNIUS**. *Onzième édition française* d'après la 16° édition allemande, par **L. Gautier**. 1 volume in-8° . . . . **7** fr.

Traité de Chimie appliquée par **C. CHABRIÉ**, professeur de Chimie appliquée

à la Faculté des Sciences de l'Université de Paris. 2 vol. grand in-8°, formant ensemble xl-1594 pages avec 484 figures dans le texte, reliés toile anglaise. . . . . **44** fr.

Traité de Chimie industrielle, par **WAGNER** et **FISCHER**. *Qua-trième édition française* entièrement refondue, rédigée d'après la *quinzième édition allemande*, par le Dr **L. Gautier**. 2 vol. grand in-8° d'ensemble 1830 pages avec 1033 figures dans le texte.. . . . **35** fr.

Formulaire de l'Electricien
et du Mécanicien
de É. HOSPITALIER

VINGT-TROISIÈME ÉDITION (1909)

Par **G. ROUX**

Expert près le Tribunal civil de la Seine
Directeur du Bureau de contrôle des Installations électriques

1 vol. in-16 de xx-1158 pages, cartonné toile. . . . . **10** *fr.*

Cours élémentaire de Zoologie
Par Rémy PERRIER

Chargé du cours de Zoologie pour le certificat d'études physiques, chimiques et naturelles (P.C.N.) à la Faculté des Sciences de l'Université de Paris.

QUATRIÈME ÉDITION, ENTIÈREMENT REFONDUE

1 vol. in-8°, de 864 pag., avec 721 fig. dans le texte. Relié toile. **10 fr.**

TRAITÉ DE ZOOLOGIE
Par Edmond PERRIER

Membre de l'Institut et de l'Académie de Médecine
Directeur du Muséum d'Histoire naturelle.

Fasc. I : **Zoologie générale.** *1 volume grand in-8° de 412 pages, avec 458 figures* . . . . **12** fr.

Fasc. II : **Protozoaires et Phytozoaires.** *1 volume grand in-8° de 452 pages, avec 243 figures.* . . . . **10** fr.

Fasc. III : **Arthropodes.** *1 volume grand in-8° de 480 pages avec 278 figures.* . . . . **8** fr.

Fasc. IV : **Vers et Mollusques.** *1 volume grand in-8° de 792 pages, avec 566 figures.* . . . . **6** fr.

Fasc. V : **Amphioxus, Tuniciers.** *1 volume grand in-8° de 221 pages avec 97 figures* . . . . **6** fr.

Fasc. VI : **Poissons.** *1 volume grand in-8° de 366 pages, avec 190 figures* . . . . **10** fr.

Fasc. VII et dernier : **Vertébrés marcheurs.** (*En préparation.*)

Les Insectes. Morphologie, Reproduction, Embryogénie, par L.-F. HENNEGUY, professeur d'Embryogénie comparée au Collège de France. *Leçons recueillies par A. LÉCAILLON et J. POIRAULT. 1 volume gr. in-8°, avec 622 figures et 4 pl. en couleurs* . . **30** fr.

Zoologie pratique basée sur la dissection des Animaux les plus répandus, par L. JAMMES, professeur adjoint à l'Université de Toulouse. *1 volume gr. in-8°, avec 317 figures. Relié toile.* **18** fr.

Éléments de botanique, par Ph. VAN TIEGHEM, Secrétaire perpétuel de l'Académie des Sciences, professeur au Muséum national d'histoire naturelle. *Quatrième édition,* revue et corrigée. *2 volumes in-18, avec 587 figures. Reliés toile anglaise* . . **12** fr.

La Montagne Pelée et ses éruptions, par A. LACROIX, membre de l'Institut, professeur au Muséum d'histoire naturelle. Ouvrage publié par l'*Académie des Sciences* sous les auspices des *Ministères de l'Instruction publique et des Colonies. 1 fort vol. in-4° de XXII-662 pages, avec 238 figures et 31 planches hors texte.* **60** fr.

La Montagne Pelée après ses éruptions, *avec observations sur les éruptions du Vésuve en 79 et en 1906,* par A. LACROIX. Ouvrage publié par l'*Académie des Sciences. 1 vol. in-4°, avec 83 fig.* **10** fr.

Guides du Touriste,
du Naturaliste et de l'Archéologue
publiés sous la direction de M. Marcellin BOULE

Le Cantal, par **M. BOULE**, docteur ès sciences, et **L. FARGES**, archiviste-paléographe (*épuisé*).

La Lozère, par **E. CORD**, ingénieur-agronome, **G. CORD**, docteur en droit, avec la collaboration de M. **A. VIRÉ**, docteur ès sciences.

Le Puy-de-Dôme et Vichy, par **M. BOULE**, docteur ès sciences, **Ph. GLANGEAUD**, maître de conférences à l'Université de Clermont, **G. ROUCHON**, archiviste du Puy-de-Dôme, **A. VERNIÈRE**, ancien président de l'Académie de Clermont.

La Haute-Savoie, par **M. LE ROUX**, conservateur du musée d'Annecy.

La Savoie, par **J. RÉVIL**, président de la Société d'histoire naturelle de la Savoie, et **J. CORCELLE**, agrégé de l'Université.

Le Lot, par **A. VIRÉ**, docteur ès sciences.

Chaque volume in-16, relié toile, avec figures et cartes en coul. : **4 fr. 50**

En préparation : Le Velay — Les Alpes du Dauphiné

Physique du Globe et Météorologie, par Alphonse **BERGET**, docteur ès sciences. *1 vol. in-8°, avec 128 figures et 14 cartes.* **15** fr.

OUVRAGES DE M. A. DE LAPPARENT
Secrétaire perpétuel de l'Académie des Sciences, professeur à l'École libre des Hautes-Etudes.

Traité de Géologie. *Cinquième édition, entièrement refondue et considérablement augmentée. 3 vol. gr. in-8° contenant XVI-2016 pages, avec 883 figures* . . . . **38** fr.

Abrégé de Géologie. *Sixième édition, augmentée. 1 vol., avec 163 figures et une carte géologique de la France, cartonné toile.* **4** fr.

Cours de Minéralogie. *Quatrième édition, revue et augmentée. 1 vol. grand in-8° de XX-740 pages, avec 630 figures dans le texte et une planche* . . . . **15** fr.

Précis de Minéralogie. *Cinquième édition, augmentée. 1 vol. in-16 de XII-398 pages, avec 235 figures dans le texte et une planche, cartonné toile* . . . . **5** fr.

Leçons de Géographie physique. *Troisième édition, augmentée. 1 vol. grand in-8° de XVI-728 pages avec 203 figures et une planche en couleurs* . . . . **12** fr.

La Géologie en chemin de fer. Description géologique du Bassin parisien et des régions adjacentes. *1 vol. in-18 de 608 pages, avec 3 cartes chromolithographiées, cartonné toile* . . . **7** fr. **50**

Le Siècle du Fer. *1 vol. in-18 de 360 pages, broché.* . . **2** fr. **50**

ENCYCLOPÉDIE

DES

SCIENCES MATHÉMATIQUES

PURES ET APPLIQUÉES,

Publiée sous les auspices des Académies des Sciences de Munich, de Vienne, de Leipzig et de Göttingue.

Édition française publiée d'après l'édition allemande

SOUS LA DIRECTION DE

Jules MOLK,

Professeur à l'Université de Nancy.

Avec le concours de nombreux savants et professeurs français.

L'édition française de l'*Encyclopédie* est publiée en sept tomes formant chacun trois ou quatre volumes de 300 à 500 pages grand in-8, paraissant en fascicules de 10 feuilles environ in-8 (25-16).

Fascicules parus du Tome I :

Volume I. Fascicule 1. **5** fr.	Volume III. Fascicule 1.. **3** fr.
Fasc. 2. **5** fr. **25** c.	Fascicule 2. **3** fr.
Fascicule 3. **6** fr.	Volume IV. Fascicule 1. **5** fr.
Fascicule 4... **5** fr.	Fasc. 2. **6** fr. **25** c.
Volume II. Fascicule 1.. **8** fr.	Fasc. 3. **6** fr. **25** c.

Fascicules parus du Tome II :

Volume I. Fascicule 1............................ **4** fr. **50** c.

LEÇONS

D'ÉLECTROTECHNIQUE GÉNÉRALE

PROFESSÉES A L'ÉCOLE SUPÉRIEURE D'ÉLECTRICITÉ

Par P. JANET,

Directeur du Laboratoire central et de l'École supérieure d'Électricité,
Professeur à la Faculté des Sciences de Paris.

TROIS VOLUMES IN-8 (25-16) SE VENDANT SÉPARÉMENT.

TOME 1 : *Généralités. Courants continus.* 3ᵉ édit. Volume de VII-415 pages avec 178 figures ; 1909......................,.. **13** fr.

TOME II : *Courants alternatifs, sinusoïdaux et non sinusoïdaux. Alternateurs. Transformateurs.* 3ᵉ édition. Volume de IV-325 p. avec 159 figures ; 1910......................... **11** fr.

TOME III : *Moteurs à courants alternatifs. Couplage et compoundage des alternateurs. Transformateurs polymorphiques.* 2ᵉ édition. Volume de IV-356 pages avec 129 figures ; 1908. **11** fr.

LEÇONS

SUR LA

THÉORIE DE LA CROISSANCE

PROFESSÉES A LA FACULTÉ DES SCIENCES DE PARIS

Par Émile BOREL

RECUEILLIES ET RÉDIGÉES

Par A. DENJOY,

Ancien Élève de l'École Normale supérieure.

IN-8 (25-16) DE VI-172 PAGES; 1910........................ **5 FR. 50 C.**

PRINCIPES DE LA THÉORIE

DES

FONCTIONS ENTIÈRES

D'ORDRE INFINI

Par Otto BLUMENTHAL,

Professeur à la « technische Hochschule » d'Aix-la-Chapelle.

IN-8 (25-16) DE VIII-150 PAGES, AVEC 6 FIGURES; 1910.....**5 FR. 50 C.**

NOUVELLE MÉTHODE

DE

PRÉVISION DU TEMPS

PAR

Gabriel GUILBERT,

Lauréat du Concours international de Liége,
Secrétaire de la Commission météorologique du Calvados.

AVEC UNE PRÉFACE

Par Bernard BRUNHES,

Directeur de l'Observatoire du Puy de Dôme.

In-8 (25-16) DE XXXVIII-344 PAGES, AVEC 80 FIGURES, CARTES
ET 3 PLANCHES; 1909.................................... **13 FR.**

LA CÉLÉRITÉ

DES

ÉBRANLEMENTS DE L'ÉTHER.

L'ÉNERGIE RADIANTE

Par L. DÉCOMBE,
Docteur ès sciences.

IN-8 (20-13) DE 104 PAGES, AVEC 22 FIGURES. CARTONNÉ; 1909.. **2 FR.**

LA PLANÈTE MARS

ET SES CONDITIONS D'HABITABILITÉ
ENCYCLOPÉDIE GÉNÉRALE DES OBSERVATIONS MARTIENNES
FAITES DEPUIS L'ORIGINE (1636) JUSQU'A NOS JOURS
Par Camille FLAMMARION
DEUX VOLUMES IN-8 (29-19) SE VENDANT SÉPARÉMENT.

TOME I : Volume de x-608 pages avec 580 dessins télescopiques et 23 cartes; 1892.
    Broché!.......... 12 fr. | Cartonné........ 15 fr.
TOME II : Volume de IV-604 pages avec 426 dessins télescopiques et 16 cartes; 1909.
    Broché.:.......... 12 fr. | Cartonné........ 15 fr.

MACHINES-OUTILS

OUTILLAGE — VÉRIFICATEURS
NOTIONS PRATIQUES
PAR
P. GORGEU,
Capitaine d'artillerie.

Volume in-8 (25-16) de IV-232 p., avec 200 schémas; 1909. **7 fr. 50 c.**

LEÇONS DE MÉCANIQUE CÉLESTE

PROFESSÉES A LA SORBONNE

[Par H. POINCARÉ.

Membre de l'Institut.

TROIS VOLUMES IN-8 (25-16), SE VENDANT SÉPARÉMENT.

TOME I. — *Théorie générale des perturbations planétaires.* Volume de VI-367 pages; 1905..........................**12 fr.**

TOME II. — (I⁰ PARTIE). — *Développement de la fonction perturbatrice.* Volume de IV-167 pages; 1907.....................**6 fr.**

— II⁰ PARTIE. — *Théorie de la Lune.* Volume de IV-137 pages 1909..**5 fr.**

TOME III. — *Théorie des marées.* Rédigé par R. FICHOT, 1910.
(*Sous presse.*)

LA THÉORIE

DES

COURANTS ALTERNATIFS

Par Alexandre RUSSELL, M. A., M. I. E. E.,

Maître de Conférences de Mathématiques appliquées
et Directeur de la Section des Mesures, à Faraday House, London,

TRADUIT DE L'ANGLAIS

Par G. SÉLIGMANN-LUI,

Inspecteur général des Téléphones.

DEUX VOLUMES IN-8 (25-16) SE VENDANT SÉPARÉMENT.

TOME I. Volume de IV-460 pages, avec 137 figures ; 1909.. **15 fr.**
TOME II. Volume de IV-551 pages, avec 209 figures; 1910... **18 fr.**

LA TÉLÉGRAPHIE SANS FIL

ET LES

APPLICATIONS PRATIQUES DES ONDES ÉLECTRIQUES

Par Albert TURPAIN.

2⁰ édition. In-8 (23-14) de XI-396 p., avec 220 fig., cart.; 1908.. **12 fr.**

COURS DE PHYSIQUE
DE L'ÉCOLE POLYTECHNIQUE,
Par J. JAMIN et E. BOUTY.

Quatre tomes in-8 (23-14), de plus de 4000 pages, avec 1587 figures et 14 planches; 1885-1891. .... **72 fr.**

TOME I. — **9 fr.**

1ᵉʳ fascicule. — *Instruments de mesure. Hydrostatique;* avec 150 figures et 1 planche .... **5 fr.**

2ᵉ fascicule. — *Physique moléculaire;* avec 93 figures .... **4 fr.**

TOME II. — CHALEUR. — **15 fr.**

1ᵉʳ fascicule. — *Thermométrie, Dilatations;* avec 98 figures. **5 fr.**

2ᵉ fascicule. — *Calorimétrie;* avec 48 fig. et 2 planches .... **5 fr.**

3ᵉ fascicule. — *Thermodynamique. Propagation de la chaleur;* avec 47 figures .... **5 fr.**

TOME III. — ACOUSTIQUE; OPTIQUE. — **22 fr.**

1ᵉʳ fascicule. — *Acoustique;* avec 123 figures .... **4 fr.**

2ᵉ fascicule. — *Optique géométrique;* 139 fig. et 3 planches. **4 fr.**

3ᵉ fascicule. — *Etude des radiations lumineuses, chimiques et calorifiques; Optique physique;* avec 249 fig. et 5 pl. **14 fr.**

TOME IV (1ʳᵉ Partie). — ÉLECTRICITÉ STATIQUE ET DYNAMIQUE. — **18 fr.**

1ᵉʳ fascicule. — *Gravitation universelle. Électricité statique;* avec 155 figures et 1 planche .... **7 fr.**

2ᵉ fascicule. — *La pile. Phénomènes électrothermiques et électrochimiques;* avec 161 figures et 1 planche .... **6 fr.**

TOME IV (2ᵉ Partie). — MAGNÉTISME; APPLICATIONS. — **13 fr.**

3ᵉ fascicule. — *Les aimants. Magnétisme. Électromagnétisme. Induction;* avec 240 figures .... **8 fr.**

4ᵉ fascicule. — *Météorologie électrique; applications de l'électricité. Théories générales;* avec 84 figures et 1 planche ..... **5 fr.**

TABLES GÉNÉRALES *des quatre volumes.* In-8: 1891 .... **60 c.**

Des suppléments destinés à exposer les progrès accomplis viennent compléter ce grand Traité et le maintenir au courant des derniers travaux.

1ᵉʳ SUPPLÉMENT. — Chaleur. Acoustique. Optique: par E. BOUTY, Professeur à la Faculté des Sciences. In-8, avec 41 fig.; 1896. **3 fr. 50 c.**

2ᵉ SUPPLÉMENT. — Électricité. Ondes hertziennes. Rayons X; par E. BOUTY. In-8. avec 48 figures et 2 planches; 1899. **3 fr. 50 c.**

3ᵉ SUPPLÉMENT. — Radiations. Électricité. Ionisation. Applications de l'Electricité. Instruments divers; par E. BOUTY. In-8, avec 104 figures; 1906 .... **8 fr.**

ENCYCLOPÉDIE DES TRAVAUX PUBLICS

ET ENCYCLOPÉDIE INDUSTRIELLE.

TRAITÉ DES MACHINES A VAPEUR

CONFORME AU PROGRAMME DU COURS DE (L'ÉCOLE CENTRALE (E. I.)

Par ALHEILIG et C. ROCHE, Ingénieurs de la Marine.

TOME I (412 fig.); 1895..... **20 fr.** | TOME II (281 fig.); 1895...... **18 fr.**

CHEMINS DE FER

PAR

E. DEHARME, | A. PULIN,
Ing^r principal à la Compagnie du Midi. | Ing^r Insp^r p^{al} aux chemins de fer du Nor

MATÉRIEL ROULANT. RÉSISTANCE DES TRAINS. TRACTION

Un volume in-8 (25-16), xxii-441 pages, 95 figures, 1 planche : 1895 (E.I.). **15 fr.**

ÉTUDE DE LA LOCOMOTIVE. LA CHAUDIÈRE

Un volume in-8 (25-16) de vi-608 p. avec 131 fig. et 2 pl. ; 1900 (E.I.). **15 fr.**

ÉTUDE DE LA LOCOMOTIVE. MÉCANISME, CHASSIS
TYPES DE MACHINES

Un volume in-8 (25-16) de iv-712 pages, avec 288 figures et un atlas in-4°
(32-25) de 18 planches ; 1903 (E.I.). Prix......................... **25 fr.**

TRAITÉ GÉNÉRAL

DES AUTOMOBILES A PETROLE

Par Lucien PÉRISSÉ,
Ingénieur des Arts et Manufactures.

In-8 (25-16) de iv-503 p. avec 286 fig.; 1907 (E. I.)... **17 fr. 50 c.**

INDUSTRIES DU SULFATE D'ALUMINIUM,

DES ALUNS ET DES SULFATES DE FER,

Par Lucien GESCHWIND, Ingénieur-Chimiste.

Un volume in-8 (25-16), de VIII-364 pages, avec 195 figures; 1899 (E. I.). **10 fr.**

COURS DE CHEMINS DE FER

PROFESSÉ A L'ÉCOLE NATIONALE DES PONTS ET CHAUSSÉES,

Par C. BRICKA,

Ingénieur en chef de la voie et des bâtiments aux Chemins de fer de l'État.

DEUX VOLUMES IN-8 (25-16); 1894 (E. T. P.).

TOME I : avec 326 fig.; 1894.. **20 fr.** | TOME II : avec 177 fig.; 1894.. **20 fr.**

COUVERTURE DES ÉDIFICES

Par J. DENFER,

Architecte, Professeur à l'École Centrale.

UN VOLUME IN-8 (25-16), AVEC 429 FIG.; 1893 (E. T. P.). **20 FR.**

CHARPENTERIE MÉTALLIQUE

Par J. DENFER.

Architecte, Professeur à l'École Centrale.

DEUX VOLUMES IN-8 (25-16); 1894 (E. T. P.).

TOME I : avec 479 fig.; 1894.. **20 fr.** | TOME II : avec 571 fig.; 1894.. **20 fr.**

ÉLÉMENTS ET ORGANES DES MACHINES

Par Al. GOUILLY,

Ingénieur des Arts et Manufactures.

IN-8 (25-16) DE 406 PAGES, AVEC 710 FIG.; 1894 (E. I.).. **12 FR.**

MÉTALLURGIE GÉNÉRALE

Par U. LE VERRIER,

Ingénieur en chef des Mines, Professeur au Conservatoire des Arts et Métiers.

VOLUMES IN-8 (25-16) SE VENDANT SÉPARÉMENT (E. I.) :

I. — *Procédés de chauffage.* Volume de 367 pages, avec 171 fig.;
1902.. **12 fr.**

II. — *Procédés métallurgiques et études des métaux.* Volume de
403 pages, avec 194 figures; 1905........................ **12 fr.**

VERRE ET VERRERIE

Par Léon APPERT et Jules HENRIVAUX, Ingénieurs.

In-8 (25-16) avec 130 figures et 1 atlas de 14 planches; 1894 (E. I.).... **20 fr.**

COURS
D'ÉCONOMIE POLITIQUE

PROFESSÉ A L'ÉCOLE NATIONALE DES PONTS ET CHAUSSÉES (E. I. P.)

Par C. COLSON,
Ingénieur en chef des Ponts et Chaussées.

SIX LIVRES IN-8 (25-16) SE VENDANT SÉPARÉMENT, CHACUN **6 FRANCS.**

LIVRE I : *Théorie générale des phénomènes économiques.* Un
volume de 450 pages. 2ᵉ édition; 1907.

LIVRE II : *Le travail et les questions ouvrières.* Un volume de
344 pages; 1901. (Nouveau tirage.)

LIVRE III : *La propriété des biens corporels et incorporels.* Un
volume de 342 pages; 1902.

LIVRE IV : *Les entreprises, le commerce et la circulation.* Un
volume de 432 pages; 1903.

LIVRE V : *Les finances publiques et le budget de la France.*
2ᵉ édition revue et mise à jour. Un volume de 466 pages; 1909.

LIVRE VI : *Les Travaux publics et les transports.* Un volume
de 528 pages; 1907.

SUPPLÉMENT au Livre VI. Brochure in-8; 1909....... **0 fr. 75 c.**

PONTS SOUS RAILS ET PONTS-ROUTES A TRAVÉES
MÉTALLIQUES INDÉPENDANTES.

FORMULES, BARÈMES ET TABLEAUX

Par Ernest HENRY,
Inspecteur général des Ponts et Chaussées.

UN VOLUME IN-8 (25-16), AVEC 267 FIG.; 1894 (E. T. P.).   **20 FR.**

CHEMINS DE FER.
EXPLOITATION TECHNIQUE

PAR MM.

SCHŒLLER.	**FLEURQUIN,**
Chef adjoint des Services commerciaux à la Compagnie du Nord.	Inspecteur des Services commerciaux à la même Compagnie.

UN VOLUME IN-8 (25-16), AVEC FIGURES; 1901 (E. I.)....   **12 FR.**

TRAITÉ DES INDUSTRIES CÉRAMIQUES

Par E. BOURRY,
Ingénieur des Arts et Manufactures.

IN-8 (25-16), DE 755 PAGES, AVEC 349 FIG.. 1897 (E. I.).   **20 FR.**

RÉSUMÉ DU COURS
DE
MACHINES A VAPEUR ET LOCOMOTIVES

PROFESSÉ A L'ÉCOLE NATIONALE DES PONTS ET CHAUSSÉES,

Par J. HIRSCH,
Inspecteur général honoraire des Ponts et Chaussées,
Professeur au Conservatoire des Arts et Métiers.

2ᵉ édit. In-8 (25-16) de 510 p. avec 314 fig.; 1898 (E. T. P.).   **18 fr.**

LE VIN ET L'EAU-DE-VIE DE VIN

Par Henri DE LAPPARENT,
Inspecteur général de l'Agriculture.

INFLUENCE DES CÉPAGES, CLIMATS, SOLS, ETC., SUR LE VIN, VINIFICATION,
CUVERIE, CHAIS, VIN APRÈS LE DÉCUVAGE. ÉCONOMIE, LÉGISLATION.

IN-8 (25-16) DE XII-533 P., 111 FIG., 28 CARTES ; 1895 (E.I.). **12 FR.**

CHEMINS DE FER

A CRÉMAILLÈRE

Par M. LÉVY-LAMBERT.

IN-8 (25-16) DE IV-479 PAGES, AVEC 137 FIG.; 1908. (E. T. P.).. **15 fr.**

MACHINES FRIGORIFIQUES

PRODUCTION ET APPLICATIONS DU FROID ARTIFICIEL,
Par H. LORENZ, Professeur à l'Université de Halle.
TRADUIT DE L'ALLEMAND PAR **P. PÉTIT** et **J. JAQUET.**

In-8 (25-16) de IX-186 pages, avec 131 figures.; 1898 (E. I.)... **7 fr.**

COURS DE CHEMINS DE FER

(ÉCOLE SUPÉRIEURE DES MINES),

Par E. VICAIRE Inspecteur général des Mines,
rédigé et terminé par **F. MAISON,** Ingénieur des Mines.

In-8 (25-16) de 581 pages avec nombreuses fig.; 1903 (E. I.). **20 fr.**

COURS DE GÉOMÉTRIE DESCRIPTIVE

ET DE GÉOMÉTRIE INFINITÉSIMALE,

Par Maurice D'OCAGNE,
Ing^r et Prof^r à l'École des Ponts et Chaussées, Répétiteur à l'École Polytechnique.

IN-8 (25-16) DE XI-428 P., AVEC 310 FIG.; 1896 (E. T. P.). **12 FR.**

BIBLIOTHÈQUE
PHOTOGRAPHIQUE

La Bibliothèque photographique se compose de plus de 200 volumes et embrasse l'ensemble de la Photographie considérée au point de vue de la Science, de l'Art et des applications pratiques.

DERNIERS OUVRAGES PARUS :

MONOGRAPHIE DU DIAMIDOPHÉNOL EN LIQUEUR ACIDE,
Nouvelle méthode de développement.

Par G BALAGNY.

In-16 (19-12) de VIII-84 pages; 1907............................ 2 fr. **75 c.**

DICTIONNAIRE DE CHIMIE PHOTOGRAPHIQUE,
A l'usage des Professionnels et des Amateurs,

Par G. et A. BRAUN fils.

Un volume grand in-8 (25-16) de 500 pages........................ **12 fr.**

LES CORRECTIFS DU DÉVELOPPEMENT.
Étude pratique du renforcement et de l'affaiblissement des images photographiques,

Par ERNEST COUSTET.

In-16 (19-12) de VI-58 pages ; 1908........................ **1 fr. 75 c.**

LA PHOTOGRAPHIE. TRAITÉ THÉORIQUE ET PRATIQUE,
Par A. DAVANNE.

2 beaux vol. in-8 (25-16), avec 234 fig. et 4 planches spécimens .... **32 fr.**
Chaque volume se vend séparément............................ **16 fr.**

PRÉCIS DE PHOTOGRAPHIE GÉNÉRALE,
Par Édouard BELIN.

Deux volumes in-8 (25-16), se vendant séparément.

TOME I : *Généralités. Opérations photographiques.* Vol. de VIII-246 pages, avec 96 figures; 1905...................................... **7 fr.**
TOME II : *Applications scientifiques et industrielles.* Vol. de 233 pages avec 99 figures et 10 planches; 1905.................................... **7 fr.**

TRAITÉ ENCYCLOPÉDIQUE DE PHOTOGRAPHIE,

Par C. Fabre, Docteur ès Sciences.

4 beaux vol. in-8 (25-16), avec 724 figures et 2 planches ; 1889-1891.. **48 fr.**

Chaque volume se vend séparément **14** *fr.*

Des suppléments destinés à exposer les progrès accomplis viennent compléter ce Traité et le maintenir au courant des dernières découvertes.

1er *Supplément* (A). Un beau vol. de 400 p. avec 176 fig. ; 1892.......... **14 fr.**
2e *Supplément* (B). Un beau vol. de 424 p. avec 221 fig ; 1897.......... **14 fr.**
3e *Supplément* (C). Un beau vol. de 400 p. avec 215 fig.; 1903......... **14 fr.**
4e *Supplément* (D). Un beau vol. de 414 p. avec 151 fig.; 1906......... **14 fr.**

Les 8 volumes se vendent ensemble.................... **96 fr.**

TRAITÉ PRATIQUE DE PHOTOGRAPHIE STÉRÉOSCOPIQUE,

Par C. Fabre.

In-8 (25-16) de 207 pages, avec 132 figures ; 1906.................... **6 fr.**

LES POSITIFS SUR VERRE,

THÉORIE ET PRATIQUE,

Par H. Fourtier.

2e édition. In-16 (19-12) de 188 pages, avec 19 figures ; 1907... **2 fr. 75 c.**

LA PHOTOGRAPHIE AU CHARBON
PAR TRANSFERTS ET SES APPLICATIONS

Par G.-A. Liébert.

In-8 (25-16) de vi-283 pages, avec 20 figures et une épreuve au charbon ; 1908 .... **9 fr.**

CONSEILS AUX AMATEURS PHOTOGRAPHES,

Par Maurice Mercier.

In-16 (19-12) de vi-144 pages ; 1907...................... **2 fr. 75 c.**

APPLICATIONS DE LA PHOTOGRAPHIE
AUX LEVÉS TOPOGRAPHIQUES EN HAUTE MONTAGNE,

Par Henri Vallot et Joseph Vallot.

In-16 (19-12) de xiv-237 pages avec 36 figures et 4 planches ; 1907. . **4 fr.**

(*Décembre 1909.*)

44364 — Paris, Imp. Gauthier-Villars 55, quai des Grands-Augustins.

ENCYCLOPÉDIE SCIENTIFIQUE DES AIDE-MÉMOIRE

Derniers ouvrages parus

Section du Biologiste

Faisans. — Maladies des organes respiratoires.

Magnan et Sérieux, — I. Le délire chronique. — II. La paralysie générale.

G. Weiss. — Electro-physiologie

Bazy. — Maladies des voies urinaires. (4 vol.).

Trousseau. — Hygiène de l'œil.

Féré.— Epilepsie.

Laveran.— Paludisme.

Polin et Labit. — Aliments suspects.

Bergonié. — Physique du physiologiste et de l'étudiant en médecine.

Mégnin.—I. Les acariens parasites. — II. La faune des cadavres.

Demelin.— Anatomie obstétricale.

Th. Schlœsing fils. — Chimie agricole.

Cuénot. — I. Les moyens de défense dans la série animale. — II. L'influence du milieu sur les animaux

A. Olivier. — L'accouchement normal.

Bergé.— Guide de l'étudiant à l'hôpital.

Charrin. — Poisons de l'organisme (3 vol.).

Roger. — Physiologie du foie.

Brocq et Jacquet. — Précis élémentaire de dermatologie (5 vol.).

Hanot. — De l'endocardite aiguë.

De Brun.— Maladies des pays chauds. (2 vol.).

Broca.— Tumeurs blanches des membres chez l'enfant.

Du Cazal et Catrin. — Médecine légale militaire.

Lapersonne (de). — Maladies des paupières.

Kœhler. — Applications de la photographie aux sciences naturelles.

Beauregard. — Le microscope.

Lesage. — Le choléra.

Lannelongue.— La tuberculose chirurgicale.

Cornevin.— Production du lait.

J. Chatin.— Anatomie comparée (4 vol.)

Castex.— Hygiène de la voix.

Merklen. — Maladies du cœur.

G Roché. — Les grandes pêches maritimes modernes de la France.

Ollier. — I. Résections sous-périostées. — II. Résections des grandes articulations.

Letulle.— Pus et suppuration.

Critzman.— Le cancer. — La goutte.

Armand Gautier. — La chimie de la cellule vivante.

Séglas.— Le délire des négations.

Stanislas Meunier. — Les météorites.

Gréhant.— Les gaz du sang.

Nocard. — Les tuberculoses animales et la tuberculose humaine.

Moussous. — Maladies congénitales du cœur.

Berthault. — Les prairies (3 vol.).

Trouessart. — Parasites des habitations humaines.

Lamy.— Syphilis des centres nerveux.

Reclus. — La cocaïne en chirurgie.

Thoulet. Océanographie pratique.

Houdaille. — Météorologie agricole.

Victor Meunier. — Sélection et perfectionnement animal.

Hénocque. — Spectroscopie biologiq. (3 vol.).

Galippe et Barré. — Le pain (2 v.).

Le Dantec.— I. La matière vivante.— II. La bactéridie charbonneuse. — III. La forme spécifique.

L'Hote. — Analyse des engrais.

Larbalétrier. — Les tourteaux. — Résidus industriels employés comme engrais (2 vol.). — Beurre et margarine. — Tourbe et Tourbières. — Sel, Salines et Marais salants.

Le Dantec et Bérard. — Les sporozoaires.

Demmler. — Soins aux malades.

Dallemagne. — La criminalité (3 vol.) — La volonté (3 vol.).

Brault. — Des artérites (2 vol.).

Ravaz. — Reconstitution du vignoble.

Ehlers. — L'ergotisme.

Bonnier. — L'oreille (5 vol.).

Desmoulins. — Conservation des produits et denrées agricoles.

Loverdo. — Le ver à soie.

Dubreuilh et Reille. — Les parasites animaux de la peau humaine.

Kayser. — Les levures.

Collet. — Troubles auditifs des maladies nerveuses. — Laryngoscopie.

Loubié.— Essences forestières (2 vol.).

Monod. — L'appendicite.

Delobel et Cozette. La vaccine.

Wurtz. — Technique bactériologique.

Bauby.— L'occlusion intestinale.

Laulanié. — Energétique musculaire.

Malpeaux.— La pomme de terre. — La betterave à sucre.

Giraudeau. — Péricardites.

Berthelot (M.). — Chaleur animale (2 vol.).

Maurange (G.) — Péritonite tuberculeuse

Martin (O.). — La fièvre typhoïde.

Gouget. — Insuffisance hépatique.

Gasser. — Analyse des eaux potables.

Marie. — La Rage.

Romme. — I. L'alcoolisme et la lutte contre l'alcool en France. — II. La lutte sociale contre la Tuberculose

Hédon. — Physiologie du Pancréas.

Plumandon. — Les Orages et la Grêle

Seurat. — L'Huître perlière.

Alquier. — Aliments végétaux Bétail. — I. Analyse élémentaire. — II. Analyse immédiate.

Pactet et Colin. — I. Les Aliénés devant la Justice. — II. Les Aliénés dans les Prisons.

Vaschide et Vurpas. — Psychologie du Délire.

Vouzelle. — La Syphilis : I. Chancre et Syphilis secondaire. — II. Syphilis tertiaire et Hérédo-Syphilis.

Bodin. — Les Champignons parasites de l'Homme.

ENCYCLOPÉDIE SCIENTIFIQUE DES AIDE-MÉMOIRE

Derniers ouvrages parus

Section de l'Ingénieur

Picou. — Distribution de l'électricité. (2 vol.). — Canalisations électriques.

Dwelshauvers-Dery. — Machine à vapeur.— I. Calorimétrie. — II. Dynamique.

A. Madamet.— Tiroirs et distributeurs de vapeur. — Détente variable de la vapeur. - Épures de régulation.

Aimé Witz. — I. Thermodynamique.— II. Les moteurs thermiques.

H. Gautier. — Essais d'or et d'argent.

Bertin. — État de la marine de guerre.

Berthelot. — Calorimétrie chimique.

De Viaris. — L'art de chiffrer et déchiffrer les dépêches secrètes.

Guillaume. — Unités et étalons.

Widmann. — Principes de la machine à vapeur.

Minel (P.). — Électricité industrielle. (2 vol.). — Électricité appliquée à la marine. — Régularisation des moteurs des machines électriques.

Hébert. — Boissons falsifiées.

Naudin.— Fabrication des vernis.

Sinigaglia.—Accidents de chaudières.

Vermand. — Moteurs à gaz et à pétrole.

Bloch. — Eau sous pression.

De Marchena. — Machines frigorifiques (2 vol.).

Prud'homme.— Teinture et impression.

Sorel. — I. La rectification de l'alcool. — II. La distillation.

De Billy. — Fabrication de la fonte.

Hennebert (C¹). — I. La fortification. — II. Les torpilles sèches. — III. Bouches à feu. — IV. Attaque des places. — V. Travaux de campagne. — VI. Communications militaires.

Caspari. — Chronomètres de marine.

Louis Jacquet. — La fabrication des eaux-de-vie.

Dudebout et Croneau. — Appareils accessoires des chaudières à vapeur.

C. Bourlet. — Bicycles et bicyclettes.

H. Léauté et A. Bérard. — Transmissions par câbles métalliques.

Hatt. — Les marées.

H. Laurent. — I. Théorie des jeux de hasard.—II. Assurances sur la vie. — III. Opérations financières.

C¹ Vallier. — Balistique (2 vol.). — Projectiles. Fusées. Cuirasses (2 vol.).

Leloutre. — Machines à vapeur. I. Fonctionnement.—II. Échappement.

Dariès. — Cubature des terrasses. — Conduites d'eau.—Calcul des canaux.

Sidersky. — I. Polarisation et saccharimétrie. — II. Constantes physiques.

Niewenglowski.—Applications scientifiques et industrielles de la photographie (2 vol.). — Chimie des manipulations photographiques (2 vol.)

Rocques (X.).— Alcools et eaux-de-vie. — Le Cidre.

Moessard. — Topographie.

Boursault.— Calcul du temps de pose. — Eaux potables et industrielles.

Seguela. — Les tramways.

Lefevre (J.). — I. La spectroscopie.

— II. La spectrométrie. — III. Éclairage électrique. — IV. Éclairage aux gaz, aux huiles, aux acides gras. — V. Liquéfaction des gaz.

Barillot (E.). — Distillation des bois.

Moissan et Ouvrard. — Le nickel.

Urbain. — Les succédanés du chiffon en papeterie.

Loppé. — I. Accumulateurs électriques. — II. Transformateurs de tension.

Ariès. — I. Chaleur et énergie. — II. Thermodynamique.

Fabry. — Piles électriques.

Henriet. — Les gaz de l'atmosphère.

Dumont. — Électromoteurs. — Automobiles sur rails.

Minet (A.). — I. L'électro-métallurgie. —II. Les fours électriques.—III. L'électro-chimie. — IV. L'électrolyse. — V. Analyses électrolytiques. — VI. Galvanoplastie et Galvanostégie.

Dufour. — Tracé d'un chemin de fer.

Miron (F.). — Les huiles minérales.

Bornecque. — Armement portatif.

Lavergne. — Les turbines.

Pébissé. — Automobiles sur routes.

Lecornu. — Régularisation du mouvement dans les machines.

Le Verrier. — La fonderie.

Seyrig.—Statique graphique (2 vol.).

Laurent (P.). — Déculassement des bouches à feu. — Résistance des bouches à feu.

Jaubert. — Goudron de houille. — Matières colorantes.—Matières odorantes. — Produits aromatiques. — Parfums comestibles. — Garance et Indigo.

Clerc. — Photographie des couleurs.

Gouré de Villemontée. — Résistance électrique.

Labbé. — Essai des huiles essentielles.

Vanutberghe. — Exploitation des forêts (2 vol.).

Vigneron et Letheule. — Mesures électriques (2 vol.).

Pozzi-Escot.—Analyse chimique (2 v.). — Analyse des gaz.—Les Diastases.

Persoz. — Essai des matières textiles.

Thomas.—I. Phénomènes de dissolution et leurs applications. — II. Matières colorantes naturelles.— III. Plantes tinctoriales.

Gages.—Métaux dérivés du fer : I. Leur travail. — II. Leur élaboration : Foyers métallurgiques. — III. Leur élaboration : Réactions métallurgiques.

Blondel. — Moteurs synchrones à courants alternatifs.

Guichard. — I. Analyse des eaux potables. — II. L'eau potable devant les municipalités.

Rigaud. — Expertises et Arbitrages.

Halphen. — Analyse des matières grasses.

Astruc. — Le Vin.

D'Equevilley. — Les bateaux sous-marins et les submersibles.

Gay. — Les câbles sous-marins. Fabrication.